Hermann Hesse
Stufen des Lebens

Briefe
Auswahl und Nachwort
von Siegfried Unseld

Insel Verlag

Insel-Bücherei Nr. 1231

Stufen des Lebens

»Auch heute stellt jeder Tag an mich die Forderung, mich der Welt anzupassen und, wie die meisten es tun, mich all der aktuellen Aufgaben mit Hilfe von Routine und Mechanisierung zu entledigen, mit Hilfe eines Apparats, einer Sekretärin, einer Methode. Vielleicht sollte ich die Zähne zusammenbeißen und es noch auf meine alten Tage erlernen? Aber nein, es wäre mir nicht geheuer dabei, und alle jene vielen, deren Not ihre Wellen bis auf meinen überhäuften Schreibtisch spült, wenden sich ja an einen Menschen, nicht an einen Apparat. Bleibe jeder bei dem, was sich ihm bewährt hat!«

Aus: Hermann Hesse, *Stunden am Schreibtisch*, 1949

1. An Cesco Como

Lieber Cesco!

Danke für Deinen lieben Brief! Ich sollte ihn eigentlich nicht beantworten, denn im Ernst konntest Du ja doch nicht glauben, ich sei so leicht durch Philosophien oder Stimmungen zu beeinflussen. Du weißt, daß ich trotz meiner Verachtung aller »Moralen« doch auf festen eigenen Beinen stehe und keine Wege wandle, die ich nicht prüfte und die mich von meinen Sternen abführen. In Lebensfragen habe ich nie auf Rat gehört, auf Plato oder Nietzsche so wenig wie etwa auf Dich, sondern folgte meinem Stern oder Dämon, und bin bis jetzt dabei ein Mann gewesen, wenn auch vielleicht kein Lebenskünstler.

Daß jede Liebe ihre tiefe Tragik hat, ist doch kein Grund, nicht mehr zu lieben! Gewiß ist Liebe und Schuld eng verkettet und läßt uns den Kindheitshimmel noch ferner und verlorener scheinen, aber sie ist auch eine Schule der Reife und eine Krone des Lebens. Doch das sind Worte, ich will lieber erzählen!

Mein Schatz ist kein liebes dummes Gretchen, sondern mir an Bildung, Lebenserfahrung und Intelligenz mindestens ebenbürtig, älter als ich und in jeder Hinsicht eine selbständige, tüchtige Persönlichkeit. Sie liebt mich schon länger, ohne daß wir mehr als gute Kameraden waren, und erst seit ein paar Wochen sind wir aus Freunden Liebesleute geworden. Und nun sehe und fühle ich, wie diese wertvolle, tüchtige Seele an mir hängt und in meiner Liebe reifer und tiefer wird, während mich selber diese stürmischen Tage in Freude und in Qual auf die Höhe des Lebens heben und mich alles Menschendasein inniger und mächtiger durchempfinden lassen. An Bitterem fehlt es mir dabei nicht, da ich meiner ganzen Natur nach ledig bleiben sollte und nicht weiß, wie es enden soll. Aber diese Tragik gehört nun einmal zur Liebe und überhaupt zum Leben, ohne Schmerz ist kein tiefes und herzliches Erleben möglich.

Natürlich rächt sich die »Sünde an der Liebe«, wie Du sagst! Aber was ist »Sünde an der Liebe«? Ich verstehe darunter vor allem die Vergewaltigung seiner selbst, die Flucht vor jedem kräftigen und intensiven Erleben. Wenn ich jetzt, wie Du rätst, »das Mädchen in Frieden lassen« und ihr und mir diese von einem Gott geschenkten Freuden und Schmerzen ersparen wollte, das wäre Sünde. Warum soll ich das sehnsüchtige und vertrauende Gesicht von mir weisen, das sich an mich lehnen will, diese Seele, die in Glück und Weh sich hingeben und den Sturm erleben will, für welche diese verzauberten Tage eine Er-füllung und ein Glück bedeuten? Weil nachher einmal ein Ende kommen muß? Das wäre feig und töricht.

Genug von diesem Thema! Deine Ratschläge haben mich nicht deshalb so getroffen, weil ich sie brauche oder auf Irrwegen bin, sondern weil ich mit Liebe und Teilnahme sah, was für schwarze und traurige Stunden Du hast. Dein Brief hat mir Sorge gemacht. Mir ist es rätselhaft, wie tüchtige und gescheite Leute auf die negativen Philosophien hereinfallen können, wäh-rend sie doch sehen müßten, daß Leben, Natur und Geschichte zwar grausam, aber planvoll sind und deutlich auf das Gute und Edle zielen. Wer einen wertvollen Kern in sich stecken hat, darf das Lieben nicht schmähen, wenn es auch kein Zuckerbrot ist! Glaube mir, ich habe in diesen letzten Wochen einige meiner allerschwersten Stunden gehabt, aber umwerfen lassen darf man sich nicht. Es gilt das Leben, auch wenn es schwer fällt, zu re-spektieren und seine Bedrängnisse als eine strenge Schule aufzu-fassen. –

– Ach was, lassen wir die leidigen Theorien! Worte sind im-mer Schwindel.

2. An die Familie in Calw

Ihr Lieben!

[...] Auf Vaters neues Buch[1] freue ich mich und möchte mir ein Exemplar mit einem Widmungswort erbitten. In den »Heiden und wir«[2] lese ich manchmal und bin dabei nicht nur bei Papa dankbar zu Gast, sondern lerne auch vielerlei.

Seit ich neuerdings wieder mein philosophisches Fundament etwas revidiert und befestigt habe, bin ich auch für allerlei religiöse Lektüre empfänglicher. Das Resultat aller ernsthaften, exakten, kritischen Philosophie ist ja doch, daß die für unser Seelenbedürfnis brennendsten Fragen dem Verstand und gar der Logik ganz unlösbar sind. Nun ist als Trost und auch als praktische Ethik mir die Lehre Jesu unentbehrlich und lieb; hingegen ist mir die Vorstellung eines kurzen irdischen und eines ewigen himmlischen Lebens ohne alles Eingehen auf die Frage der Präexistenz gewissermaßen mythologisch zu dürftig, so daß ich für mein Bedürfnis nach einer ausgebildeteren, anschaulicheren Mythologie und Welterklärung immer wieder Anleihen bei Buddha und den vedischen Sagen mache. Gerade die Frage nach der Präexistenz, ethisch vielleicht belanglos, ist mir immer merkwürdig und anziehend, wenn auch nicht bedrängend. Wir stellen uns im Herzen doch stets eine individuelle Unsterblichkeit vor, da die nichtindividuelle eigentlich unvorstellbar ist; und da fragt man doch je und je wieder, wie es mit dieser persönlichen Seele wohl vor dem jetzigen Leben ausgesehen hat. Und da gibt mir die indische Wiedergeburtslehre, ohne daß ich gerade an sie »glaube«, eine gewisse Befriedigung, indem sie das Unausdenkliche mit einer prächtigen Bildlichkeit vorstellt. Im übrigen freilich helfen mir die Inder nicht viel, da sie gerade nicht das Glauben, sondern das Erkennen obenan stellen. Sie konstatieren, scheint mir, einen ganz einwandfreien, fast modernen Determinismus, lassen aber dann im Weg zum Nirvana doch ein nur dogmatisch konstruiertes Loch für die Freiheit des Willens offen. – – Doch genug davon, ich komme brieflich damit nicht zurecht [...]

3. An Conrad Haußmann

1. 7. 1910

Es steigt der See mit jedem Tag,
Wer weiß, was da noch kommen mag,
Das Wasser will nicht enden.
Heut wollt ich mit dem Dampfschiff weg –
Versunken war der Dampfschiffsteg!
Da mußt ich heimwärts wenden.

4. An Wilhelm Einsle

1912

Lieber Herr Einsle!
Wenn Sie mir schreiben, haben Sie es leichter als ich, wenn ich an Sie schreiben will, denn Sie kennen mich besser, als ich Sie kennen kann.

Die frohe Zustimmung, die Sie meinen Büchern geben, darf ich nur hinnehmen, nicht dafür danken, da es auf Lob keine Antwort gibt. Aber Ihr lieber Brief hat mich gefreut und Sie sollen das wissen. Sie sagen:

So will ich dankbar meine Wege wandeln,
Unwissend, wo ich einstens landen werde.

Das ist das Richtige! Ein Lebensweg mag von gewissen Situationen aus noch so sehr determiniert scheinen, er trägt doch stets alle Lebens- und Wandlungsmöglichkeiten in sich, deren der Mensch selbst irgend fähig ist. Und die sind desto größer, je mehr Kindheit, Dankbarkeit, Liebefähigkeit wir haben.

Mit der Selbstbeschränkung des Berufes und des Mannesalters muß man seine Jugend nicht begraben. »Jugend« ist das in uns, was Kind bleibt, und je mehr dessen ist, desto reicher können wir auch im kühlbewußten Leben sein.

Herzlich wünscht Ihnen einen guten Weg

5. An Martin Buber

24. 1. 1917

Hochgeschätzter Herr!

Ihre Zeilen sind mir sehr erfreulich, haben Sie Dank dafür! Dank auch für die Schrift[1], deren zweiten Teil ich schon las. Die mir wertvollsten Sätze darin kannte ich aus den »3 Reden«[2]. Erfreut hat mich die mit der Briefstelle von Ben Ami.

Mir persönlich, der ich es hierin ja leichter habe, ist das *bewuße* Bekenntnis zu einem Volkstum fremd. Da ich neutestamentlich fühle, sehe ich die messianische Menschheit heute schon keimhaft vorhanden in allen den einzelnen Gläubigen, denen Gott wichtiger [ist] als jeder Staat.

Aber es fehlt mir Gabe und Übung des Ausdrucks für diese Gedanken, mit denen ich auch unter meiner täglichen Umgebung als Fremder lebe. In Ihren Schriften fand ich je und je, auch wo Sie es vielleicht anders meinten, Bestätigungen für mich.

6. An Romain Rolland

Bern, 4. 8. 1917

Lieber Herr Rolland!

Ihr freundlicher Gruß hat mich innig gefreut. Ich bin seither immer krank und in Einsamkeit versunken. Das Leben ist schwer geworden und schmeckt bitter. Wo immer möglich, wende ich mich vom Aktuellen weg ins Zeitlose, so ist die Poesie mir noch teurer geworden. Der Versuch, an politische Dinge Liebe zu wenden, ist mir mißglückt. Auch »Europa« ist mir kein Ideal – solange Menschen einander töten, unter Führung Europas, ist mir jede Einteilung der Menschen verdächtig. Ich glaube nicht an Europa, nur an die Menschheit, nur an das Reich der Seele auf Erden, an dem alle Völker teilhaben und dessen edelste Verkörperungen wir Asien verdanken.

Lieber Herr Rolland, Sie gehören zu den paar Menschen, deren Namen mir Hoffnung und Wert bedeuten.

7. An Sigmund Freud

Bern, 9. 9. 1918

Verehrter Herr Professor!
Daß Sie mir ein Wort des Dankes[1] sagen, berührt mich ganz wie eine Beschämung, denn im Gegenteil bin ich es, der Ihnen tiefen Dank schuldet. Ihn heute ein erstes Mal auszusprechen, ist mir eine große Freude. Die Dichter waren ja unbewußt immer Ihre Bundesgenossen, sie werden es immer mehr auch bewußt werden. In herzlicher Verehrung Ihr

8. An Georg Reinhart

Montagnola, 31. 8. 1919

Lieber Herr Reinhart!
[...] Ich lebe hier schön und wohne wundervoll, bekomme aber wenig zu essen, an vielen Tagen nur Brot, und bin dadurch mit Magen und Nerven in schlechter Ordnung.

Aber ein Gutes, einen großen Segen haben solche Zeiten, wie ich sie seit Monaten durchlebe: eine Glut und Konzentration der künstlerischen Arbeit, die man im Wohlsein nie erreicht.

Mit dem Gefühl, im Kern seiner Existenz brüchig zu sein und nicht mehr mit langer Dauer rechnen zu dürfen, nimmt man seine Kraft zusammen wie ein alter Baum, der vor dem Umbrechen noch einmal Laub treiben und sich in Samen verewigen will. Ich habe hier viel und gut gearbeitet und habe noch mehreres vor, wichtige und zum Teil aufregende Dinge, wenigstens für mich. Ich habe die Sünden mancher frühern Jahre, in denen es mir zu gut ging, abgebüßt und versucht, im Geistigen und Künstlerischen den Schiffbruch wieder auszugleichen, den ich im persönlichen und bürgerlichen Leben erlitt [...]

Ihrer denke ich oft und habe eine eigentümliche Freude dran, daß es einige seltene Menschen von Ihrer Art noch gibt, die dem praktischen Leben gerecht zu werden wissen, ohne doch ihre Seele daran zu verlieren.

Ich denke mir Ihren Garten um die mütterliche Renoir-Venus herum jetzt voll Dahlien und solcher Sachen. Hier dominieren die Sonnenblumen und der gelb und braun gewordene Mais.

9. An Helene Welti

Montagnola, 28. 2. 1920

Liebe Frau Doktor!

[...] Ich freue mich, daß die genannten Bücher Ihnen wertvoll geworden sind. Zu Ihrer Bemerkung über Sinclair und das »Suchen des eigenen Ich« muß ich aber doch noch etwas sagen, schon weil diese Frage mir seit vielen Jahren wichtig ist und ich auch jetzt wieder seit Monaten auf vielerlei Wegen daran studiere.

Sie nehmen an, das Leben aus dem eigenen Ich heraus sei einfach Egoismus. Das scheint aber nur so für den Europäer, der vom Ich nichts weiß. Das Ich, das der Suchende meint, und mit dem sich die ganze außereuropäische Gedankenwelt, mit Ausnahme der europäischen Wissenschaft, seit drei Jahrtausenden beschäftigt, dies »Ich« ist nicht der einzelne Mensch, wie er sich fühlt und vorkommt, sondern es ist der innerste, wesentliche Kern jeder Seele, den der Inder »Atman« nennt und der göttlich und ewig ist. Wer dies Ich findet, sei es auf dem Wege Buddhas oder der Veden oder des Lao Tse oder Christi, der ist in seinem Innersten verbunden mit dem All, mit Gott, und handelt aus einem Einverständnis mit ihm heraus.

Sie sagen, das Suchen des Ich sei weniger wichtig als das Finden des rechten Verhältnisses zu den Andern. Aber dies ist gar nicht zweierlei. Wer jenes echte Ich sucht, der sucht zugleich die Norm alles Lebens, denn dies innerste Ich ist bei allen Menschen gleich, es ist Gott, es ist der »Sinn«. Darum sagt der Brahmane zu jedem fremden Wesen »tat twam asi« = das bist du! Er weiß, daß er keinem andern Wesen schaden kann, ohne sich selbst zu schaden, und daß Egoismus keinen Sinn hat.

Wir Heutigen sind allzusehr gewöhnt, das Verhalten zu andern nach Gesetzen und Konventionen zu bestimmen, die wir nicht am Willen Gottes messen können, da wir ja Gott gar nicht kennen, da wir ja ihn, der unser Innerstes ist, zu suchen nie gelernt haben. Aber denken Sie sich nur eine Frage wie die beim Ausbruch eines Krieges: soll der Einzelne nun dem Gesetz folgen, das den Staat über alle stellt, und soll gehorchen und töten und schießen, oder soll er seiner innersten Regung folgen, die ihm sagt, daß Töten nie zu Gutem führen kann? Natürlich entstehen diese Fragen nur in fortgeschrittneren, zarteren, höheren Menschen, die große Menge braucht stets, als Herde, ein Gesetz und eine Norm über sich, der sie blind folgt. Aber an jeden Einzelnen kann der Ruf ergehen, und es gibt Zeiten, wo er an Viele ergeht. So war es mit der ganzen geistigen Jugend Europas im Kriege. Da sind viele aufgewacht und suchen nun, da die äußeren Führungen und Gesetze sich so übel bewährt haben, nach dem Führer in sich selber.

Auf meine Art habe ich sehr Ähnliches in meiner kleinen Zarathustraschrift gesagt. Das Vollkommenste an solchen Gedanken hat das alte Indien hervorgebracht, und die Gedanken der Veden sind in Indien heute noch jedem Geistigen völlig gegenwärtig und lebendig. Wenn Jesus sagt: »Das Himmelreich ist inwendig in euch«, so meint er genau dasselbe, und ebenso Lao Tse. Die Philosophie Europas hat Großes getan in der Erkenntniskritik, aber zu jenen grundlegenden Gedanken über Menschenwesen und Leben hat sie nichts Neues, geschweige denn Besseres hinzugebracht [...]

10. An Lisa Wenger

Montagnola, 23. 3. 1921

Liebe Frau Wenger,

[...] Der »Siddhartha« wird, das heißt der Ihnen bekannte erste Teil, in einer Zeitschrift gedruckt werden.[1] Ob weiter was aus ihm wird, weiß ich nicht, ich glaube kaum. Zur Zeit jedenfalls bin ich weit von ihm weg.

[...] Ja, und was die Religion und Moral und alles das angeht, und die Frage, ob Buddhismus oder Christentum oder Laotse – darüber werden wir gewiß noch oft sprechen. Ich für mich glaube durchaus nicht, daß es eine beste und einzige wahre Religion oder Lehre gibt – wozu auch? Buddhismus ist sehr gut, und Neues Testament auch, jedes zu seiner Zeit und da, wo es not tut. Es gibt Menschen, die haben Askese nötig, und andere, die brauchen anderes. Und auch der gleiche Mensch braucht nicht immer das gleiche, sondern bald braucht er Tat und Regsamkeit, bald Versenkung in sich, bald braucht er Spiel, bald Arbeit. So sind wir Menschen, und die Versuche, uns anders zu machen, mißglücken immer. Wenn zartes Mitfühlen, Güte und Mitleid das Höchste sind, dann war Franz von Assisi einer der größten Menschen, und Calvin, Savonarola und auch Luther waren wüste verbrecherische Fanatiker. Wenn aber die Tugend der Gewissenhaftigkeit und des heroischen Gehorsams gegen die Forderungen des eigenen Gewissens hochgeschätzt wird, dann war Calvin oder Savonarola ein wahrhaft großer Mensch. Wahr ist immer beides, und recht haben immer beide.

Als menschliches Ideal erscheint mir nicht irgendeine Tugend oder irgendein bestimmter Glaube, sondern als Höchstes, wonach Menschen streben können, erscheint mir die möglichste Harmonie in der Seele des einzelnen. Wer diese Harmonie hat, der hat das gleiche, was die Psychoanalyse etwa freie Verfügbarkeit der Libido heißen würde, und wovon das Neue Testament sagt »Alles ist Euer«.

[...] In Agnuzzo, dem kleinen Nest zwischen hier und dem Agno-See, wohnt jetzt der Schriftsteller Hugo Ball mit seiner Frau. Sie ist bekannt unter dem Namen Emmy Hennings, war eine bekannte Chansonette auf Varietés etc. und hat alles Elend dieses Lebens ganz durchgekostet, fast bis zum Untergang. Die beiden Leute, feine geistige Menschen, beide katholisch fromm, leben in einer ganz rührenden Armut und Primitivität. Ich mußte an sie denken bei den Stellen Ihres Briefes, wo Sie vom Varieté und von Dirnen etc. schreiben. Von Emmy Hennings erschien vor kurzem ein Buch »Das Brandmal«[2], ich möchte Sie gerne bitten, Sie möchten sich dieses Buch einmal kommen lassen und es lesen, es handelt von jenem Sängerinnen- und Dirnenleben und ist so schön und innig und oft traurig, daß auch Sie es ganz gewiß lieben werden, wenn Sie es kennen.

11. An Lisa Wenger

Liebe Frau Wenger

Danke für Ihren schönen Brief und für das Vertrauen, das Sie mir schenken. Ich will Ihnen heut noch schreiben, da mein gewohntes Leben nun für eine Weile unterbrochen wird. Morgen fahre ich nach Locarno, da ich mit meiner Frau zu reden habe, einige Tage nachher erwarte ich meine Schwester zu Besuch und werde mit ihr dann vermutlich so gegen den 20. Mai zurückfahren, d. h. bis Zürich, wo ich dann eine Weile wegen Jung bleibe. Ich hoffe nur, er habe dann etwas Zeit für mich. Über die Kosten der Analyse habe ich noch nicht nachgedacht, ich hoffe eigentlich, daß Jung nichts von mir nimmt oder daß dann jemand in Zürich mir hilft. Ein Stück Analyse und Auflockerung brauche ich, da mein Leben so wie jetzt nimmer lang zu ertragen wäre, die Lähmung durch den vollkommenen Unglauben an den Wert unsrer ganzen Literatur ist für mich zu groß, und für stille angenehme Stunden habe ich wohl das Malen, das hilft mir leben, aber hilft mir nicht mein Leben rechtfertigen, weder geistig noch materiell.

Auch Sie haben ja manche Hemmungen, und bei Ihrem Brief dachte ich manchmal: wenn Frau Wenger bloß gegen sich selber so gut und duldsam wäre wie gegen andre. Denn im Evangelium heißt es nicht: »Liebe den Nächsten statt dich selbst«, sondern deutlich »*wie* dich selbst«!

Herrn Wenger halte ich, trotz seiner Lebenstüchtigkeit, doch für introvertiert, und glaube, daß er sein Leben lang auf dem Gebiet seiner Arbeit das zu ersetzen suchte, was er auf andern seelischen Gebieten versäumte, auch lag auf ihm die religiöse Belastung der Kindheit und ein mächtiger Vater. Daß er, trotz der Erfolge im Beruf und in der Welt, den Weg nach Innen geht oder versucht, imponiert mir an ihm. Ich glaube nicht, daß er eine Analyse brauchen würde oder daß sie ihm unbedingt guttäte, der Ausgleich geht bei ihm, scheint mir, auch so vor sich.

Die indisch-buddhistische »Einkehr«, von der Ihr Brief auch spricht, ist ja nicht eine einmalige Erkenntnis, sondern eine Disziplin, eine ständige, tägliche Übung. Daß unser körperlich-vergängliches Ich belanglos ist, können wir, bei unsrem Leben, nur für Augenblicke einsehen, danach leben kann man nur auf Grund einer mehr oder weniger mönchischen Konzentration. Das ist beim Christentum genau gleich: das übliche praktische und kirchliche Christentum aller Konfessionen ist ebenso eine oberflächliche Notanpassung, mit der sich zur Not das Leben leben läßt. Die tiefern, ernstlichern, wahrhaft geistigen Disziplinen, Übungen und Erlösungen, deren christlicher Geist fähig ist, sind nie in der »Welt« gelebt worden, sondern auch hier nur von den Heiligen und denen, die dazu unterwegs waren, den Mönchen. Das alte Mönchtum, auf dem Sinai und in der Thebais, ist fast ebenso hochkultiviert geistig wie das indische und ist ihm im Grunde sehr nah verwandt.

Unser Leiden ist, daß wir ja gern jenen Weg gingen, aber nicht mehr können, daß die »Welt« uns nicht nur mit Lüsten und Egoismen, sondern auch mit Pflichten und eingegangenen Verpflichtungen festhält. Die müssen wir entweder überwinden oder sie eben anerkennen und ihnen so gut wie möglich nachleben. Der Vollkommene und Heilige ist etwas, was sehr selten erreicht wird, auch unter Mönchen, und wenn er auch als Ideal über uns steht, muß doch im Leben unser nächstes Ziel immer die möglichste augenblickliche Harmonie sein, die nie ganz erreicht und immer wieder verloren wird, aber auch immer wieder zu finden ist. Sie bleibend zu haben, halte ich im Weltleben nicht für möglich.

12. An Emmy und Hugo Ball

Liebe Balls!

[...] Jenes Haus Hesse, dessen Bild Sie haben, steht am Bodensee und hat, von mir gebaut, nicht 5 Jahre mir gehört. Jetzt geht es mich längst nichts mehr an, aber was ich dort einst erlebte, hat seine Fäden noch um mich, und was einst harmlos und leicht war, ist jetzt schwer und leidvoll geworden.

Über die Psychoanalyse möchte ich mich auf keine Diskussionen einlassen. Die Stütze, auf die ein Mensch sich in besonders schwierigen Zeiten stützt, kann für ihn nicht Gegenstand von Diskussionen sein, um so mehr, wenn er, wie ich, sich zur Dogmatik und zu Untersuchungen über Rechtgläubigkeit nicht berufen fühlt. Daß wir über die seelenärztlichen Methoden und Lehren der frühen Mönche nicht mehr wissen, finde auch ich schade. Daß sie sehr weit von den Ergebnissen anderer Bekenntnisse abweichen, glaube ich allerdings nicht. Ich glaube nicht an eine Wesensverschiedenheit der katholischen Menschheit von der übrigen. Und so will und kann auch die heutige Psychoanalyse (trotz manchen Mißbräuchen, die ihr Wesen so wenig berühren wie Mißbräuche der Priesterschaft das Wesen der Kirche) im Grunde kaum ein anderes Ziel haben als die Schaffung des Raumes in uns, in dem wir Gottes Stimme hören können.

Für mich ist inzwischen die Analyse ein Feuer geworden, durch das ich nun gehen muß, und das sehr weh tut. Mehr kann ich darüber nicht sagen. Soweit ich bis jetzt sehe, ergeben sich Pflichten und Opfer für mich, deren Verwirklichung ich mir noch kaum denken kann.

13. An einen jungen Lehrer

[Februar 1922]

Wenn Sie für sich einen Sinn in meiner »Wanderung«[1] gefunden haben, dann stehen Sie schon mehr auf meiner Seite als auf der des Theologen[2]. Dennoch werden Sie ihm wahrscheinlich dialektisch unterliegen, weil es der Methode des Theologen auf Dialektik, auf Apologien und Rechtbehalten ankommt, während die auf der anderen Seite, die Narren und Kinder, zu denen auch Lao Tse und Jesus gehörten, auf das Rechthaben keinen Wert legen.

Es ist richtig, ich habe das vom Lebemann in Paris und dem Mönch auf dem Athos einmal gesagt; ich weiß nur gerade nicht mehr, wo es steht.[3] Ich bin auch heute noch der Meinung (und es ist weit mehr als »Meinung«), daß der Mönch und der Lebemann jeder von Gott gleich gewollt und geliebt ist, während Ihr theologischer Freund vermutlich finden wird, daß Gott die anständigen Leute, die Theologen inbegriffen, billige, die bösen und von den Theologen verachteten aber ablehne. Daß Jesus das nicht tut, können Sie aus dem Neuen Testament Ihrem Freund leicht beweisen, auch Buddha tat es nicht, und keiner der großen Lehrer und Weisen, denn die alle hatten zum Grunde ihrer Lehren das Wissen um die Einheit des Lebens und um die Vergänglichkeit und Wandelbarkeit der Masken, unter welchen das Leben sich uns zeigt. Sie alle wußten, was die Theologen nicht wissen dürfen: daß der Mörder und Wüstling von heute der Heilige von morgen sein kann, und der Edle und Priester zum Schädling und Gift werden kann.

Das, worin der Mönch und der Lebemann einig und gleich sein können, ist das kindliche, fromme, naive Gefühl, daß hinter allem Gott steht, daß alles vom Ewigen gewollt ist, daß unsre Meinungen und Moralen die Dinge niemals ins Herz treffen, sondern ihnen nur Namen und Etiketten anhängen, während dahinter Gottes Wille steht.

Goethes Mephisto sagt, er gehöre zu der Kraft, die »stets das Böse will und stets das Gute schafft«. Es gibt auch das Gegenteil, es gibt auch Unzählige, welche stets das Gute wollen und fast immer Böses tun, dem Leben Gewalt antun, Gottes reiche Welt verarmen, und dazu gehören zuweilen auch Priester und Theologen. Daß sie zuweilen diese arme Rolle spielen, darf uns Weltfromme aber nicht verführen, nun unsrerseits die Theologen abzulehnen und ihren Wert zu negieren. So gut wie der Freigeist, so gut wie der Dichter, so gut wie der Weise und das Kind, ist auch der Theologe da, ist von Gott gewollt, ist eine der tausend Masken und Kleider Gottes, des ewigen Lebens.

Die Sache ist so einfach, daß ich mir komisch vorkomme mit meinen Erklärungen. Es handelt sich dabei aber eben nicht um erdachte Weisheiten, sondern um reale, erlebte, welche auszudrücken und zu beweisen immer unmöglich bleibt. Daher muß der Weltfromme die Rolle des Rechthabenden und Siegers im Streit der Meinungen immer dem Theologen oder einem anderen Vertreter der jeweils von einer Majorität gebilligten Wahrheit überlassen. Wer nicht beweisen, sondern Weisheit atmen und leben will, dem geht es immer wie es Lao Tse ging, dem weisesten der Menschen, welcher erkannte, daß jeder Versuch, die eigentliche Weisheit in Formeln auszusprechen, sie schon zur Narrheit mache. Die Ehrfurcht und Frömmigkeit vor dem Unaussprechlichen aber, das ist die Frömmigkeit von uns Narren und Weltfrommen, denn im Gegensatz zu den Theologen besitzen zwar auch wir eine Weisheit und sind uns ihrer sehr bewußt, können und wollen sie aber nicht in Formeln bringen, können sie nicht beweisen, nicht im Wortstreit verteidigen, denn sie ist für uns keine intellektuelle Angelegenheit.

Wenn in meinen Büchern Dinge stehen, welche Sie anziehen,

so werden Sie vermutlich ganz von selber mit der Zeit sich dem
Gedanken der Einheit nähern, werden Lao Tse oder Buddha
und andre Weise und Heilige finden (nicht um sie als alleinse-
ligmachend zu verehren, sondern nur als Weg, als zeitweilige
Führer) und werden dann auch die Bibel, namentlich das Neue
Testament, ganz anders lesen als früher. Dann wird kein Theologe Sie mehr in Verlegenheit bringen können, und dennoch
werden Sie sein Freund sein, ihn schätzen und lieben können,
denn am Rechtbehalten wird Ihnen dann nichts mehr gelegen
sein.

14. An Berthli Kappeler

Montagnola, 5. 2. 1923

Liebes Fräulein!
Eigentlich brauche ich Ihnen nichts mehr zu sagen. Sie schreiben mir, daß Sie durch den »Siddhartha« beunruhigt sind, daß
in Ihnen »alles untereinander gekommen« sei – das genügt ja,
damit zeigen Sie, und wissen es ja selbst, daß dies Buch Ihnen
ein Anstoß zu Neuem, eine Forderung an Ihre eigene Seele geworden ist. Die Fragen Ihrer Kolleginnen, warum wohl jetzt
Indienbücher »Mode« seien, und andre Spielereien verlieren daneben, denke ich, auch für Sie ihre Bedeutung.

Und doch – für mich eigentlich beschämend und aufklä-
rend – mußten Sie noch die Frage stellen, die Ihr Brief enthält:
Ob es mir denn mit »Siddhartha« Ernst sei, ob ich selbst dahinter stehe, ob ich dies Buch nicht am Ende bloß so zum Spaß und
Zeitvertreib, oder um der Freude am Schreiben willen, gemacht
habe.

Spüren Sie nicht, noch ehe Sie weiter lesen, daß diese Frage
von Ihnen selbst längst beantwortet ist? Sie haben längst Ja dazu
gesagt, den Ernst gefühlt, die Forderung an sich selbst gestellt.

Daß hinter dem »Siddhartha« nicht bloß drei Jahre voll Arbeit und schwerem Erleben stehen, sondern auch mehr als zwanzig Jahre einer innigen, vielfältigen Beschäftigung mit ostasiatischer Weisheit, das freilich können Sie aus dem Buch nicht ohne weiteres sehen. Aber daß es mir damit Ernst ist, heiliger und intensiver Ernst, und daß neben den Fragen und Inhalten des »Siddhartha« für mich persönliche Eitelkeits- und Literaturfragen nicht mehr existieren – das wissen Sie schon, das haben Sie gefühlt. Sie haben auch gefühlt, daß Siddhartha mit mir in gewissem Sinn identisch ist, ebenso wie Knulp, daß er dasselbe, was Knulp tat (das Suchen Gottes), auch tut, nur viel ernster, viel intensiver und vor allem viel bewußter.

Befremdend ist Ihnen nur Eines: warum muß das in indischer Form geschehen? Das ist schwerer zu beantworten. Ich will es dennoch versuchen, weil ich hinter Ihren Fragen den Ernst spüre. Also bekenne ich Ihnen kurz (aber bloß als Antwort auf Ihre ganz persönliche Frage, nicht zur Diskussion für Ihre Kolleginnen und deren geistreiche Gesellschaftsspiele): es gibt natürlich bloß einen Gott, bloß eine Wahrheit, die jedes Volk, jede Zeit, jeder Einzelne auf seine Art aufnimmt, für die immer neue Formen entstehen. Eine der schönsten und lautersten Formen ist gewiß die des Neuen Testamentes, worunter ich allerdings eigentlich nur die Evangelien verstehe, weniger die Paulinischen Briefe. Ich halte einige Sprüche des Neuen Testaments, neben einigen von Lao Tse und einigen von Buddha und den Upanishaden, für das Wahrste, Konzentrierteste, Lebendigste, was auf Erden erkannt und gesagt worden ist. Dennoch ist mir der christliche Weg zu Gott verbaut gewesen, durch eine strengfromme Erziehung, durch die Lächerlichkeit und Zänkerei der Theologie, durch die Langeweile und gähnende Öde der Kirche, und so weiter. Ich suchte also Gott auf anderen Wegen, und fand bald den indischen, der mir von Hause aus nahe lag, denn meine

Vorfahren, Großvater, Vater und Mutter hatten nahe und innige Beziehungen zu Indien, sprachen indische Sprachen etc. Später fand ich auch den chinesischen Weg durch Lao Tse, was für mich das befreiendste Erlebnis war. Natürlich war ich daneben und zugleich nicht minder intensiv durch moderne Versuche und Probleme beschäftigt, durch Nietzsche, durch Tolstoi, durch Dostojewski, das Tiefste aber fand ich in den Upanishaden, bei Buddha, bei Konfuzius und Lao Tse, und dann auch, als meine alte Aversion gegen die speziell christliche Form der Wahrheit allmählich nachließ, auch im Neuen Testament. Dennoch blieb ich dem indischen Weg treu, obwohl ich ihn nicht für besser als den christlichen halte. Ich tat es, weil mir die christliche Anmaßung, die Monopolisierung Gottes, das Alleinrechthabenwollen, das mit Paulus beginnt und durch die ganze christliche Theologie geht, zuwider war, und auch, weil die Inder weit bessere, praktischere, klügere und tiefere Formen des Wahrheitssuchens, mit Hilfe der Yogamethoden, wissen.

Damit ist Ihre Frage beantwortet. Ich halte indische Weisheit nicht für besser als christliche, ich empfinde sie nur als ein wenig spiritueller, etwas weniger intolerant, etwas weiter und freier. Das kommt davon her, daß die christliche Wahrheit mir in der Jugend in unzulänglichen Formen aufgedrängt wurde. Dem Inder Sundar Singh[1] ging es genau umgekehrt: ihm wurde indische Lehre aufgedrängt, er fand dort in Indien die herrliche alte Religion entstellt und entartet, so wie ich hier die christliche, und er wählte das Christentum, d. h. er wählte nicht, sondern er wurde einfach überzeugt, erfüllt und überwältigt vom Liebesgedanken Jesu, so wie ich vom Einheitsgedanken der Inder. Für andre Menschen führen andre Wege zu Gott, ins Zentrum der Welt.

Das Erlebnis selbst aber ist stets das Gleiche. Der Mensch, der die Wahrheit zu ahnen beginnt (auch in ihm kommt zuerst »alles durcheinander« wie bei Ihnen), der das Wesentliche des Lebens ahnt und ihm näherzukommen sucht, der erlebt, sei es nun in christlichem oder andrem Gewand, unfehlbar die Wirklichkeit Gottes, oder wenn Sie wollen des Lebens, von dem wir Teile sind, dem wir widerstreben oder dem wir uns hingeben können, ohne das aber der Erwachte nicht mehr leben kann und will.

Für stark intellektuelle Menschen bestehen diese Erlebnisse zum Teil in Gedanken, in Erkenntnissen, doch auch dies ist keine notwendige Form, es kann auch völlig ohne Denken und Erkennen vor sich gehen, indem einfach das Leben selbst uns so bildet, daß wir immer mehr das Vollkommene, Heilige und Ewige suchen, und gegen die Werte und Wirklichkeiten der andern, sogenannt alltäglichen Welt immer gleichgültiger werden. Sie wissen nun genug, alles andre steht ja im »Siddhartha« selbst. Behalten Sie bitte meine Worte für sich, sie sind einzig an Sie gerichtet, oder noch an den einen oder andern, von dem Sie bestimmt fühlen, daß diese Fragen für ihn nicht Sachen der Neugierde sind.

Grüßend Ihr

15. An einen unbekannten Adressaten

17. 10. 1928

Ich verstehe Ihre Lage – möchten Sie auch die meine verstehen! Es wird kaum möglich sein, da Sie jung sind. Ich bin dauernd krank, ich erhalte jeden Tag zweimal einen Haufen Post, und an den meisten Tagen darf ich an meine eigene Arbeit überhaupt nicht denken, die Briefschreiber wollen mir das nicht erlauben. Mein Privatleben habe ich längst opfern müssen und lebe seit zehn Jahren in einer Isolierung, die wenigstens äußerlich mir zuzeiten Ruhe und Konzentrationsmöglichkeit zur Arbeit gibt.

Denken Sie sich einen Augenblick hinein, und Sie verstehen, daß mich gerade jene Briefe, die sich nicht mit einer höflichen Geste erwidern lassen, oft sehr beschweren.

Denn gerade das, was Sie bei mir suchen und von mir wollen, kann ich nicht geben. Ich bin *kein* Führer, und will und darf keiner sein. Ich habe durch meine Schriften zuweilen jungen Lesern dazu gedient bis dahin zu kommen, wo das Chaos beginnt, das heißt wo sie allein und ohne helfende Konventionen dem Rätsel des Lebens gegenüberstehen. Für die Meisten ist schon das eine Gefahr, und die Meisten kehren denn auch wieder um und suchen neue Anschlüsse und Bindungen. Die sehr Wenigen, die es treibt ins Chaos einzutreten und die Hölle unserer Zeit bewußt zu erleben, die tun es ohne »Führer«.

Meine Bücher führen den Leser, wenn er willig ist, bis dahin, wo er hinter den Idealen und Moralen unserer Zeit das Chaos sieht. Wollte ich weiter »führen«, so müßte ich lügen. Die Ahnung der Erlösung, der Möglichkeit das Chaos neu zu ordnen, kann heute keine »Lehre« sein, sie vollzieht sich im unaussprechbaren innersten Erleben Einzelner.

16. An Marie-Louise Dumont

[Arosa, Februar 1929]

Liebes Fräulein!
Ihr Briefchen hat mich in Arosa gefunden, wo ich zu kurzer Erholung bin. Ich kann nur kurz antworten, die Post bringt mir täglich mehrmals viele Briefe, und meine eigene Arbeit leidet darunter.

Die Menschen des »Demian« sind nicht mehr noch weniger »wirklich« als die meiner andern Bücher. Ich habe nie Menschen nach dem Leben gezeichnet. Zwar kann ein Dichter auch das tun, und es kann sehr schön sein. Aber im wesentlichen ist ja Dichtung nicht ein Abschreiben des Lebens, sondern ein Verdichten, ein Zusammensehen und Zusammenfassen des Zufälligen zum Typischen und Gültigen. Der »Demian« handelt von einer ganz bestimmten Aufgabe und Not der Jugend, welche freilich mit der Jugend nicht aufhört, aber doch sie am meisten angeht. Es ist der Kampf um die Individualisierung, um das Entstehen einer Persönlichkeit.

Nicht jedem Menschen ist es gegeben, eine Persönlichkeit zu werden, die meisten bleiben Exemplare, und kennen die Nöte der Individualisierung gar nicht. Wer sie aber kennt und erlebt, der erfährt auch unfehlbar, daß diese Kämpfe ihn mit dem Durchschnitt, dem normalen Leben, dem Hergebrachten und Bürgerlichen in Konflikt bringen. Aus den zwei entgegengesetzten Kräften, dem Drang nach einem persönlichen Leben und der Forderung der Umwelt nach Anpassung, entsteht die Persönlichkeit. Keine entsteht ohne revolutionäre Erlebnisse, aber der Grad ist natürlich bei allen Menschen verschieden, wie auch die Fähigkeit, ein wirklich persönliches und einmaliges Leben (also kein Durchschnittsleben) zu führen sehr verschieden ist.

Der »Demian« zeigt gerade jene Seite im Kampf um die werdende Persönlichkeit, die den Erziehern die unbequemste ist. Der werdende junge Mensch, wenn er den Drang zu starker Individualisierung hat, wenn er vom Durchschnitts- und Allerwelts-Typ stark abweicht, kommt notwendig in Lagen, die den Anschein des Verrückten haben.

Ich glaube also, daß Sie auf dem rechten Wege sind, denn Sie spüren diese Nöte. Es gilt nun nicht, seine »Verrücktheiten« der Welt aufzuzwingen und die Welt zu revolutionieren, sondern es gilt, sich für die Ideale und Träume der eigenen Seele gegen die Welt soviel zu wehren, daß sie nicht verdorren. Die dunkle Innenwelt, wo diese Träume zu Hause sind, ist beständig bedroht, sie wird von den Kameraden verspottet, von den Erziehern gemieden, sie ist kein fester Zustand, sondern ein beständiges Werden.

Unsre Zeit macht es da den Feineren in der Jugend besonders schwer. Es besteht überall das Streben, die Menschen gleichförmig zu machen und ihr Persönliches möglichst zu beschneiden. Dagegen wehrt sich unsre Seele, mit Recht, daraus entstehen die Demianerlebnisse. – Sie nehmen für jeden andre Formen an, ihr Sinn aber ist immer derselbe. Wem es ernst ist, der überwindet sie, und wenn er stark ist, wird er aus einem Sinclair ein Demian.

17. An Olga Diener

[Juni 1929]

Vielen herzlichen Dank für diese liebe Sendung!

Der Rotmund Ihres Traumes heißt bei mir »Goldmund«. So heißt meine neue Dichtung (aus dem Mittelalter), die im Frühling fertig geworden ist und nächstes Jahr erscheint.

Die Magie des Traumes versagt am Tage oft, weil auch noch der beste Träumer die Außenwelt im Wachen wichtiger nimmt als er sollte. Die Verrückten können das besser; sie erklären sich für Kaiser, und die Zelle für ihr Schloß, und alles stimmt wunderbar.

Die Außenwelt umzaubern zu können, ohne doch verrückt zu werden, das ist unser Ziel. Es ist nicht leicht, dafür aber ist wenig Konkurrenz da. 99 Menschen von 100 haben ja ganz andre Ziele.

Einen Gruß von Ihrem

18. An Christoph Schrempf

Lieber verehrter Herr Schrempf!

Ihr Brief über den Goldmund ist angekommen, in einer Zeit schlechtesten Befindens und darum doppelt willkommen und wertvoll. Seine Einladung zu einer Begegnung soll gelten, obwohl sie mich etwas in Verlegenheit bringt, denn ich reise schwer und ungern, und bin zur mündlichen, dialogischen Auseinandersetzung wenig begabt und darin gar nicht geübt.

Ich habe Ihre Gedanken über Goldmunds Geschichte mit Aufmerksamkeit gelesen, und auch Ihre kurze Antwort auf das, was ich an Frau Engel[1] geschrieben hatte. In beidem finde ich vieles, was mir von höchstem Wert ist, und in beidem fehlt mir etwas, fehlt mir das Gleiche. Sie werten in Goldmunds Leben die *Kunst*, das Künstlersein, überhaupt nicht. Daß Goldmund das, was er bei den Frauen nicht konnte, in der Kunst fertig bringt: die Beseelung des Sinnlichen und dadurch das Erreichen des Schönen – das existiert für Sie überhaupt nicht. Und ebenso sehen Sie in meinen Worten an Frau Engel allzusehr nur den Artisten, den Erzähler, der sich seiner Aufgabe rein *formal* möglichst gut entledigen will, der sein Gewissen, statt gegen das Leben, nur gegen das Können anwendet.

Dem ist nicht so, weder Goldmund ist so, noch bin ich so. Auch sehen Sie ja, daß meine vermeintlich allzu artistische Auffassung mich nicht hindern konnte, eine Geschichte zu erzählen, die Ihnen den Eindruck der Wahrheit und der Notwendigkeit macht, obwohl ich mein Leben und meine Kunst nicht, wie Sie es von Goldmund und von mir fordern möchten, so scharf und konsequent durchdacht habe. Wir beide, Goldmund und ich, sind das Gegenteil von vorbildlichen Menschen, und darum sind wir beide auch nur Hälften. Goldmund ist erst mit Narziß (oder doch mit seiner Beziehung zu N[arziß]) zusammen ein Ganzes. Ebenso bin ich, der Künstler Hesse, der Ergänzung bedürftig durch einen Hesse, der den Geist, das Denken, die Zucht, sogar die Moral verehrt, der pietistisch erzogen ist und der die Unschuld seines Tuns, auch seiner Kunst, immer wieder aus moralischen Verwicklungen heraus neu finden muß. Es ist dem Goldmund ebenso unmöglich wie mir selber, mein Leben, z. B. meine Beziehung zur Frau, durch das zu reinigen und zu fördern, was Sie Denken nennen. Ich habe, wie Goldmund, zur Frau ein naiv sinnliches Verhältnis, und würde wahllos lieben wie Goldmund, wenn nicht eine angeborene, anerzogene Achtung vor der Seele des Mitmenschen (also der Frau) und eine ebenso anerzogene Scheu vor dem bedenkenlosen Sichhingeben an die Sinne mich zügeln würde.

Und wenn ich es versuche, meine Liebeserlebnisse und mein Verhältnis zum andern Geschlecht auf Ihre Art durchzudenken, so erreiche ich dabei nichts als jene Einsicht, zu der einige Ihrer Schriften auch führen: die Einsicht, daß unser Tun immer fatal und sinnlos ist und, moralisch betrachtet, nur zur Verzweiflung führen kann. Es führt aber für mich aus dieser Verzweiflung heraus der einzige Weg der Kunst, der Schönheit: nicht irgendeiner kanonischen Schönheit, sondern des Erlebnisses der reinen Betrachtung, der reinen Schau, die nicht Denken ist, sondern Gnade. Das Erlebnis, immer wieder dies fatale, dreckige Leben schön finden zu können, immer wieder die Verantwortung dafür abgeben zu dürfen an einen Gott, an einen mir unergründlichen, von mir nur zu ahnenden Sinn des Ganzen. Dies Erlebnis vollzieht sich bei mir in der Form des *Schauens*, in der künstlerischen Form, wobei ich gar keinen Unterschied mache zwischen dem genießenden Miterleben und dem Neuschaffen von Kunstwerken. So sind für mich auch die höchsten mit Namen zu nennenden menschlichen Werte die großen Kunstwerke, und daß es eine Matthäuspassion und eine Zauberflöte, einen Giorgione und einen Hölderlin gibt, ist für mich ebenso wichtig und notwendig wie daß es Luft zum Atmen und Brot zum Essen gibt.

Daß Goldmund, und wie er ich selbst, den Frauen gegenüber keineswegs das Wünschenswerte oder, auch nur Durchschnittliche zu erleben und zu leisten fähig ist, daß er im direkten Verhältnis zu ihnen über den sinnlichen Genuß und eine etwas hilflose Artigkeit nicht weit hinauskommt, das sehe ich ebenso wie Sie es sehen. Das sinnliche Vergnügen am Weibe ist für Goldmund nicht Weg zum seelischen Besitzergreifen oder zu einem Verhältnis, in dem Mann und Weib sich zu wertvollern Persönlichkeiten steigern, sondern er erreicht die Sublimierung der Liebe erst in der Kunst, erst auf einem Umweg, erst durch einen Ersatz.

Dazu muß ich mich bekennen. Ich möchte um des Lebens allein willen nicht leben, ich möchte um der Frau allein willen nicht lieben, ich bedarf des Umweges über die Kunst, ich bedarf des einsamen und versponnenen Vergnügens des Künstlers, um mit dem Leben zufrieden sein, ja um es ertragen zu können.

Daß das eine gebrechliche, keineswegs ideale, keineswegs vorbildliche Lebens- und Menschenart bedeutet, ist mir wohl bewußt. Aber es ist *meine* Art, es ist die Art, die ich einzig verstehe, die ich einzig darzustellen, aus der heraus ich einzig das Leben zu deuten versuchen kann.

Wenn Goldmund, ohne etwas hinzuzulernen, ohne seine Erlebnisse konsequent zu durchdenken, immer wieder zu den Frauen läuft, so ist das für mich etwa so, wie wenn eine Biene immer und immer wieder zu den Blumen fliegt, immer wieder der gleichen dunklen Anziehung folgend einen Tropfen Saft mitnimmt, ihr Verhältnis zu den Blumen nie vertieft und vergeistigt, dafür aber zuhause, die Blumen schnell vergessend, ihren Honig macht: sie tut auch das nicht aus irgend edlen und sehr bewußt werdenden Antrieben, sondern ebenfalls zwanghaft, weil es der ihr persönlich unerreichbare Sinn ihres Lebens, weil es der Bienenstock, weil es die Zukunft und Nachkommenschaft von ihr verlangt, weil sie irgendwie dienen und sich hingeben muß. So dient Goldmund nicht der Frau, und dient nicht der Beseelung seiner Liebe, sondern er trinkt bei der Frau, als der für ihn wirksamsten Quelle der Natur, den Tropfen Erlebnis, den Tropfen Lust und Qual, aus dem er, wenn die Zeit dafür da ist, seine Werke machen wird, seinen Honig.

Sokrates würde nicht so tun. Aber z. B. ein Mensch wie Mozart erinnert mich sehr an Goldmund. Und für mich wäre die Welt ohne Mozart noch ärmer als sie es ohne Sokrates wäre. Aber ich glaube auch von Bach, von Händel, von Tizian, daß sie, obwohl ganz andre Persönlichkeiten als Mozart, ganz ebenso dem Gesetz ihres Typus, ihres Bienentums gefolgt sind, und daß keiner von ihnen sein Leben ertragen hätte ohne den stillen, vielleicht nie bewußt gewordenen Glauben an den Sinn des Honigmachens, an den Sinn eines Lebens, das immer wieder den Extrakt seines Erlebten in Waben niederlegt, deren Füllung nun eben Bienenglück und Bienenschicksal ist.

Die Gleichnisse hinken, aber etwas daran spricht vielleicht doch.

Wenn ich, so im Ganzen, an Sie und Ihre Gedanken über Goldmund denke, so sehe ich in Ihnen einen erfahrenen und weisen Mann, und sehe nicht ohne Scheu und Zurückzucken, daß er einen großen Teil meines Wesens und Lebens als nicht ganz vollwertig, als irgendwie steckengeblieben beurteilen muß. Ich muß ihm Recht geben. Und ich muß dennoch weiter den gleichen Weg gehen. Und ich weiß dabei: wenn trotz allem einzelne meiner Erzählungen diesen erfahrenen Weisen nicht wie willkürliche Spiele anmuten, sondern wie wahre Geschichten, über die sich nachzudenken lohnt, so kommt es daher, daß ich mein Bienenspiel und meine Bienenarbeit im Grunde eben doch im Glauben an einen Sinn tue. Ich bin im Laufe der Jahre schon des öfteren erschrocken, wenn ich meine »Werke« und meine Wandlungen in ihnen betrachtet habe. Wie viel grelle Widersprüche für den, der außen steht. Wieviel Gefährliches, wieviel wovor zu warnen wäre! Und trotzdem ist, von einzelnen Stunden der Verzweiflung abgesehen, die Notwendigkeit und der Sinn des Ganzen mir vollkommen unerschütterlich.

Bei andrem Anlaß wäre auch über Narziß ein Wort zu sagen. Unter anderem das: Narziß ist ebenso wenig der reine Geistmensch, wie Goldmund der reine Sinnenmensch – sonst brauchte einer den anderen nicht, sonst schwängen sie nicht beide um eine Mitte und ergänzten sich. Narziß kann das brutale Wort vom Heiligen und Wüstling sagen, und kann am Ende doch das Ganze von Goldmunds Leben liebend bejahen.

Ich muß aufhören, ich bin für die nächsten Tage in Anspruch genommen. Lieber Freund Schrempf, ich freue mich über Ihren Brief, er ist ein seltenes Erlebnis, und wenn ich mich gegen Ihr Urteil hier und dort zu wehren scheine, so ist das nicht Abwehr, sondern Antwort. Man kommt bei den meisten Menschen gar so schnell auf den Boden, ich hoffe zwischen Ihnen und mir ist noch manche Aussprache möglich – hoffentlich erleben wir auch die mündliche noch. Herzlich grüßt Sie Ihr

19. An Herrn R. B.

4. Mai 1931

... Ihren Brief ohne Antwort zu lassen wäre mir nicht möglich.

Ich sehe die Sache etwa so: Daß man mit den Lebensgrundsätzen, die ich vertreten habe, nicht leben könne, ist nicht richtig. Ich bin kein Vertreter einer festen, fertig formulierten

Lehre, ich bin ein Mensch des Werdens und der Wandlungen, und so steht neben dem »Jeder ist allein« in meinen Büchern auch noch andres, zum Beispiel ist der ganze »Siddhartha« ein Bekenntnis zur Liebe, und dasselbe Bekenntnis steht auch in andern meiner Bücher.

Mehr Lebensglauben zu zeigen, als ich selber habe, das werden Sie gewiß nicht von mir verlangen. Ich habe mehrmals mit Leidenschaft ausgesprochen, daß ein echtes, wirklich lebenswertes Leben innerhalb unsrer Zeit und ihres Geistes vollkommen unmöglich sei. Daran glaube ich unbedingt. Daß ich dennoch lebe, daß diese Zeit, diese Atmosphäre von Lüge, Geldgier, Fanatismus, Roheit mich nicht getötet hat, das verdanke ich zwei glücklichen Umständen: dem großen Erbe von Naturhaftigkeit, das ich in mir habe, und dem Umstand, daß ich, wenn auch als Ankläger und Gegner meiner Zeit, doch produktiv sein kann. Ohne dies könnte ich nicht leben, und auch so ist mein Leben oft eine Hölle.

Es wird sich an meiner Stellung zum Heute kaum mehr vieles ändern. Ich glaube nicht an unsre Wissenschaft, nicht an unsre Politik, nicht an unsre Art zu denken, zu glauben, sich zu vergnügen, ich teile nicht ein einziges der Ideale unsrer Zeit. Aber ich bin darum nicht glaubenslos. Ich glaube an Gesetze des Menschentums, die tausendjährig sind, und ich glaube, daß sie den ganzen Trubel unsrer Zeit überdauern werden.

Einen Weg zu zeigen, wie man die von mir für ewig gehaltenen Menschenideale festhalten, und doch zugleich an die Ideale, Ziele und Tröstungen unsrer Zeit glauben könnte, das ist mir nicht möglich. Ich habe auch nicht die geringste Lust dazu. Dagegen habe ich mein Leben lang viele Wege versucht, auf denen man die Zeit überwinden und im Zeitlosen leben kann (diese Wege habe ich teils in spielerischer, teils in ernster Form häufig auch dargestellt).

Wenn ich nun auf junge Leser zum Beispiel des »Steppen-wolfs« treffe, so finde ich sehr oft, daß sie alles in diesem Buch, was über den Irrsinn unsrer Zeit gesagt ist, sehr ernst nehmen, daß sie aber das, was mir tausendmal wichtiger ist, gar nicht sehen, jedenfalls nicht daran glauben. Es ist aber damit nichts getan, daß man Krieg, Technik, Geldrausch, Nationalismus etc. als minderwertig ankreidet. Man muß an Stelle der Zeitgötzen einen Glauben setzen können. Das habe ich stets getan, im »Steppenwolf« sind es Mozart und die Unsterblichen und das magische Theater, im »Demian« und im »Siddhartha« sind die-selben Werte mit andern Namen genannt.

Mit dem Glauben an das, was Siddhartha die Liebe nennt, und mit Harrys Glauben an die Unsterblichen kann man leben, dessen bin ich sicher. Man kann mit ihm nicht nur das Leben ertragen, sondern auch die Zeit überwinden.

Ich sehe, daß es mir nicht recht gelingt mich auszudrücken. Ich bin immer etwas mutlos, wenn ich sehe, daß das, wovon ich glaube, daß es deutlich in meinen Büchern steht, von den Lesern nicht gesehen wird.

Kehren Sie lieber, wenn Sie meinen Brief gelesen haben, zu irgend einem meiner Bücher zurück, und schauen Sie nochmals nach, ob wirklich nicht hier und dort Sätze eines Glaubens ste-hen, aus dem heraus sich leben läßt. Finden Sie nichts davon, so werfen Sie meine Bücher fort. Finden Sie etwas, so suchen Sie von dort aus weiter.

Vor kurzem fragte mich eine junge Frau, wie ich denn das mit dem magischen Theater im »Steppenwolf« gemeint habe, es habe sie schwer enttäuscht, daß ich mich da in einer Art Opi-umrausch über mich selbst und alles lustig mache. Ich sagte ihr, sie möchte jene Seiten noch einmal lesen, und zwar mit dem Wissen, daß nichts, was ich je gesagt habe, mir so wichtig und heilig war wie dies magische Theater, daß es Bild und Hülle sei für das, was mir zutiefst wertvoll und wichtig ist. Sie schrieb mir etwas später, jetzt habe sie begriffen.

Ich verstehe Ihre Frage wohl, Herr B., und es mag auch recht wohl so stehen, daß zur Zeit für Sie meine Bücher gar nicht gut sind, daß Sie sie erst einmal wieder wegwerfen und das, was Sie an sie band, überwinden müssen. Darin kann ich Ihnen natürlich nicht raten. Ich kann nur zu dem stehen, was ich gelebt und geschrieben habe, auch zu den Widersprüchen, auch zum Zickzack und der Unordnung. Meine Aufgabe ist nicht, andern das objektiv Beste zu geben, sondern das Meine (und sei es nur ein Leid, nur eine Klage) so rein und aufrichtig wie möglich.

20. An seine Cousine Fanny Schiler

Montagnola, Anfang Juni 1931

Liebe Fanny!

[...] In Deinem letzten Brief interessierte mich, was Du über *Wahrheit* und *Liebe* sagst, und daß Du im Begriff bist, das erste Ideal mit dem zweiten zu tauschen. Das ist gut gesagt, es ist nämlich ein typischer und allen Menschen notwendiger Vorgang; die Wahrheit ist ein typisch *jugendliches* Ideal, die Liebe dagegen eins des reifen Menschen und dessen, der wieder zum Abbau und Sterben bereit zu sein sich bemüht. Bei den Denk-Menschen hört das Schwärmen für die Wahrheit erst dann auf, wenn sie gemerkt haben, daß der Mensch für das Erkennen objektiver Wahrheit außerordentlich schlecht begabt ist, so daß also Wahrheitsuchen nicht die eigentlich humane, menschliche Tätigkeit sein kann. Aber auch die, die gar nie zu solchen Einsichten kommen, machen im Lauf der unbewußten Erfahrung die gleiche Wendung durch. Wahrheit haben, Recht haben, Wissen, Gut und Böse genau unterscheiden können, infolgedessen richten, strafen, verurteilen, Krieg führen können und dürfen –

das ist jugendlich, und es steht der Jugend auch gut an. Wird man älter und bleibt bei diesen Idealen stehen, so verwelken die ohnehin nicht heftigen Fähigkeiten zum »Erwachen«, zum Ahnen der übermenschlichen Wahrheit, die wir Menschen haben.

Ich glaube, daß der »Siddhartha« für den heutigen Tag die beste Form ist, welche der indische Grundgedanke in *deutscher* Sprache und Umgebung finden konnte. Aber die *indischen* Quellen selber sind unvergleichlich reiner und kräftiger: die Bhagavad Gita, die Upanishads, die Reden Buddhas, die Legenden, die Gedichte. Sie sind für mich der Weg zum Erwachen gewesen, obwohl im späteren Leben mir die weniger philosophische, naivere aber irgendwie männlichere Weisheit der alten Chinesen noch wichtiger wurde [...] Addio, alles Gute wünscht Dir Dein

21. *An einen unbekannten Adressaten*

[Poststempel 29. 9. 1931]

Ihr Brief ist gekommen, ich muß als kranker Mann mich mit der Antwort kurz fassen, möchte aber doch einige Worte erwidern. Gewiß gibt es ein »Schicksal«. Es ist aber nicht eine blinde Macht von außen, deren Spielball wir sind, sondern es ist die Summe der Gaben, Schwächen und anderen Erbschaften, die ein Mensch mitgebracht hat. Ziel eines sinnvollen Lebens ist, den Ruf dieser innern Stimmen zu hören und ihm möglichst zu folgen. In der Jugend ist das vielleicht schwerer, weil die Persönlichkeit noch nicht fertig ist, und die Wünsche hin und her schwanken und sich auch auf Ziele richten können, die dem Wesen des Wünschenden ganz fremd sind.

Der Weg wäre also: sich selbst erkennen, aber nicht über sich richten und sich ändern wollen, sondern sein Leben möglichst der Gestalt anzunähern, die als Ahnung in uns vorgezeichnet ist. So haben es alle großen Dichter gemeint, namentlich Novalis, wenn er sagte »Schicksal und Gemüt sind Namen eines Begriffs«.

Mit Grüßen Ihr

22. An Hilde Saenger

[1931]

Ihr Brief trifft mich krank, was leider häufig vorkommt, ich kann nur ganz kurz antworten.

Auf den drei ersten Seiten des »Demian« steht, was ich etwa weiß, es gehört dann noch mein Buch »Siddhartha« dazu. Es handelt sich bei diesen Versuchen nicht darum, »in schöner Sprache Romane zu schreiben«, wie Sie glauben, sondern darum, die Grundlagen zu einem Glauben zu legen, der wieder für eine Weile jungen Menschen das Leben zu leben helfen kann. Sie müssen diese Worte, ebenso wie die Bibel oder jeden anderen Versuch einer Formulierung des Wichtigsten, nicht als »schöne Sprache« nehmen, sondern so *wörtlich wie nur möglich* , Wort für Wort genau ergründend.

Das Leben ist sinnlos, grausam, dumm und dennoch prachtvoll – es macht sich nicht über den Menschen lustig (denn dazu gehört Geist), aber es kümmert sich um den Menschen nicht mehr als um den Regenwurm. Daß ausgerechnet der Mensch eine Laune und ein grausames Spiel der Natur sei, ist ein Irrtum, den der Mensch sich erfindet, weil er sich zu wichtig nimmt. Wir müssen erst sehen, daß wir Menschen es keineswegs schwerer haben als jeder Vogel und jede Ameise, sondern eher leichter und schöner. Wir müssen die Grausamkeit des Lebens und die Unentrinnbarkeit des Todes erst in uns aufnehmen, nicht durch Jammern, sondern durch Auskosten dieser Verzweiflung. Erst dann, wenn man die ganze Scheußlichkeit der Sinnlosigkeit der Natur in sich aufgenommen hat, kann man beginnen, sich dieser rohen Sinnlosigkeit gegenüberzustellen und sie zu einem Sinn zu zwingen. Es ist das Höchste, wozu der Mensch fähig ist, und es ist das *Einzige*, wozu er fähig ist. Alles andre macht das Vieh besser.

Tragen Sie das Leid, kosten Sie die Verzweiflung, aber lernen Sie das Nichtverstehen, das Leid, die Sinnlosigkeit als Vorbedingung für alles erkennen, was der Mensch wert sein kann. *Wie* Sie nachher Ihren Glauben formulieren, ob christlich oder sonstwie, ist einerlei. Es gibt keine andern Götter, als die der Mensch sich macht. Es gibt ja auch keine andern Regierungen, Gesetze und Moralen, als die der Mensch sich macht. Das tun die Völker im großen, und das tut jeder Einzelne im kleinen. Er gibt dem Sinnlosen einen Sinn, er stellt seine Ahnung, sein Bedürfnis nach Sinn dem Chaos entgegen, und lernt leben, als gebe es einen Gott und als habe das Ganze einen Sinn. Mehr ist nicht vonnöten, um leben zu können.

Daß die meisten Menschen, auch die jungen, sich meistens diese Fragen gar nicht stellen, ist wieder eine andere Frage. Für die meisten ist die Sinnlosigkeit gar kein Leid, sowenig wie für den Regenwurm. Aber eben die Wenigen, die vom Leid ergriffen werden und nach dem Sinn zu suchen beginnen, machen den Sinn der Menschheit aus.

Genug, ich spreche da vielleicht ins Leere und muß wieder zu Bett.

Ihr

23. An Herrn P. A. Riebe, Charlottenburg

Ohne Datum, 1931 oder 1932

Lieber Herr R.

Ihre Sendung fand mich im Engadin, ein Freund hat mich zur Erholung eingeladen und in einigen Tagen reise ich wieder fort.

Ich habe Ihren Vortrag durchgelesen, und es fällt mir schwer, etwas dazu zu sagen. Natürlich hat er mir gefallen. Wer schluckt nicht gern zuweilen einen Löffel voll Sympathie? Aber der Standpunkt Ihres Vortrags ist natürlich nicht der meine. Er ist der der Verteidigung: Sie nehmen mich in Schutz gegen den dummen, eitlen, patzigen, vollkommen ungeistigen Durchschnittsmenschen und Durchschnittsdeutschen. Ich selbst habe auf Verteidigung und Rechtfertigung (die ja immer noch Paktieren mit dem Philister bedeutet) längst verzichtet.

Was Sie über die beiden Bücher sagen und daraus deuten, ist sehr gut, ich könnte es auch nicht besser sagen. Dagegen sehe ich die *Beziehungen* zwischen Steppenwolf und Goldmund ganz anders an.

Es ist im Goldmund nichts anderes gesagt als im Steppenwolf, nur das Kleid ist verschieden.

Der Inhalt und das Ziel des »Steppenwolf« sind nicht Zeitkritik und persönliche Nervositäten sondern Mozart und die Unsterblichen. Ich dachte sie den Lesern näher zu bringen indem ich mich selbst vollkommen preisgab – die Antwort war Anspucken und Hohngelächter. Dieselben Leser, die den Steppenwolf auslachten oder angriffen, waren dann vom Goldmund entzückt, weil er nicht heute spielt, weil er nichts von ihnen verlangt, weil er ihnen nicht die Schweinerei ihres eigenen Lebens und Denkens vorhält. Das ist, von mir aus gesehen, der Unterschied zwischen den beiden Büchern, er besteht beim Leser, nicht bei mir.

Aufgabe des Steppenwolf war: Unter Wahrung einiger für mich »ewiger« Glaubenssätze die Ungeistigkeit unserer Zeittendenzen und ihre zerstörende Wirkung auch auf den höherstehenden Geist und Charakter zu zeigen. Ich verzichtete auf Maskeraden und gab mich selbst preis, um den Schauplatz des Buches wirklich ganz und schonungslos echt geben zu können, die Seele eines weit über Durchschnitt Begabten und Gebildeten, der an der Zeit schwer leidet, der aber an überzeitliche Werte glaubt. Der deutsche Leser hat sich über das Leiden Harrys amüsiert und ihm auf die Schulter geklopft, das war der ganze Erfolg der Anstrengung.

Die Aufgabe des Goldmund war unendlich viel leichter und seine Lektüre setzt beim Leser keine hohen Qualitäten voraus. Auch ein Durchschnittsbürger kann ihn hübsch finden.

Der Deutsche liest ihn, findet ihn hübsch und sabotiert weiter seinen eigenen Staat, tappt weiter in politische Abenteuer und Sentimentalitäten hinein, lebt weiter sein altes, verlogenes, unanständiges, verbotenes Leben. Ich habe nicht das Bedürfnis von ihm geschätzt und vor ihm rehabilitiert zu werden. Ich finde ihn scheußlich und wünsche ihm den Untergang, dem Menschentyp, dem der heutige Durchschnittsdeutsche, zumal der »geistige« angehört.

Nun, ich wollte Ihre schöne und liebenswerte Arbeit keineswegs kritisieren, ich wollte durch meine Antwort nur zeigen, daß sie mich interessiert und angeregt hat und sage Ihnen schönen Dank.

Mit Grüßen Ihr

24. An Hans Oberländer

[ca. Sommer 1932?]

Lieber Herr Oberländer!

[...] Ihrer theologischen Frage bin ich nur halb gewachsen. Ich glaube, mündlich würde ich mich klar darüber äußern können, so aber nicht, es fehlt auch die Ruhe und Zeit dazu, wir haben nach wie vor unruhige Zeiten.

Wenn Jeanne[1] ihr Volk begeistert und rettet und das Volk darüber begeistert ist und sie heiligspricht, so ist dagegen nichts zu sagen. Zwischen dem nackten Triebmenschen des natürlichen Egoismus und dem in Gott aufgehenden Heiligen gibt es viele Stufen, eine davon ist die der Familie, eine die nationale, und so noch viele, unzählige. Die Massenbegeisterungen sollen wir nicht geringschätzig ansehen, sie haben ihre Größe, und was Gott mit ihnen und mit uns will, sollen wir zu wissen uns nicht anmaßen. Aber das Aufgehen in einem materiellen Gemeinsamen, wie es die Nation Jeannes ist, sollen wir dennoch nicht mit dem Aufgehen in Gott verwechseln. Die Erfolge und die Grade der Begeisterung im Volk sind kein Maßstab für die Gottnähe einer Kraft und Bewegung. Sie wissen: das Reich Gottes hat andre Gesetze als die Reiche der Erde und es können die, die hier die Letzten sind, dort die Ersten sein. Ich kann Vorgängen und Begeisterungen, die eine große Gemeinschaft bewegen, ihrer Quantität wegen nicht mehr Göttlichkeit zuschreiben als denen, die ein einzelnes Herz erfüllen.

Über die jüdische, alttestamentliche Form der Jenseitigkeit von Gottes Zielen und Wertmaßen steht einiges sehr Gute im letzten Buch Martin Bubers[2] (es sind Vorträge aus 12 Jahren, Schockenverlag).

Wir haben es heiß und sind im Garten fleißig. Doch bin ich eher gehemmt, körperlich und sonst, dadurch, daß nach all den Wochen einer gewissen Unruhe von außen mein Befinden stark gelitten hat, so daß ich beständig Herzbeschwerden habe und in allem etwas langsam und vorsichtig sein muß. Immerhin aber kann ich täglich einige Stunden arbeiten. Gutes wünscht Ihnen Ihr

25. Postkarte an seine Cousine Fanny Schiler

[Baden, 13. 11. 1932]

Liebe Fanny!

Danke für Deinen Gruß: Ich verstehe im ganzen Deine Gedanken wohl. Du bist groß im Sichwehren. Du willst nicht gelebt werden, Du willst nicht frohsein oder traurigsein müssen, Du möchtest das alles selber wählen. Auch Sonne und Mond möchten an manchen Tagen etwas früher oder später aufstehen und können nicht, und müssen gehorchen und dienen, und sind doch die größten Mächte der Welt. Es liegt aber nur an den *Worten*: Was Du »Wille« nennst, ist eine Art von Gesinnung oder Moral, gespeist mit Kräften aus unbewußtem Triebleben. Ich finde es nicht unbedingt wünschenswert, daß wir uns das Frohsein oder Trübsein selber wählen und aus der Vernunft begründen können. Für die Vernunft und Logik gibt das Leben weder Anlaß zur Freude noch zur Trauer. Wohl aber können wir den Wert, das Leben und den Sinn unserer »Stimmungen« tüchtig verderben, wenn wir sie allzusehr der Vernunft unterstellen wollen. Man sieht es am besten am Beispiel der Liebe. Wer hat je aus Vernunft oder aus Willen geliebt? Nein, die Liebe erleidet man, aber je hingegebener man sie leidet, desto stärker macht sie uns.

Nimm vorlieb und sei herzlich gegrüßt!

26. An Adolf Baden

[erhalten am 30. 5. 1933]

Lieber Herr Baden!

Ihr Brief hat mich recht sehr gefreut und das kleine hübsch aussehende Buch nicht minder, ich sage Ihnen schönen Dank! Was die »protestantische Theologie« betrifft, so müssen Sie als Theologe sich ja doch daran gewöhnen, daß die Umwelt an ihr Kritik übt und daß Deutschland am Zwiespalt des Schismas krank ist. Was ich gegen den Protestantismus habe, ist vielleicht nicht Ihre »Theologie«, die erklären Sie ja selbst in Ihrem Brief als ein rein privates Geist-Abenteuer des Theologen, und für solche Vergnügungen und Laster einsamer Geister habe ich nicht wenig Verständnis. Sondern was mir an den protestantischen Theologen mißfällt, das ist, daß sie nichts zu lehren haben, das Volk leer lassen und sich dafür ohne Kritik und Widerstand der materiellen Staatsmacht zur Verfügung stellen, den Fürsten, den Geldhabern, den Generälen, das tun sie heut, wie sie es immer getan haben, und das Volk hat an ihnen nichts von Mahnung, von Hemmung gegen das Hineingerissenwerden in die große Maschinerie. Ich teile die Auffassung meines Freundes Hugo Ball (oder Theodor Häckers) über die deutsche Geschichte nicht ganz und gar, aber ihre Vorwürfe kann ich nur wieder und wieder richtig finden. Zwar ist Luthers Schisma noch lange nicht, wie die Katholiken oft sagen, die Grund-Ursache des deutschen Elends, aber sie ist sein schreiendstes Symptom. Man strebt zum Geistigsten und endet bei den Kanonen. Man verlegt das Gebet ins Kämmerlein, verwirft die guten Werke und rutscht verantwortungslos in alle Höllen, gegen die man Fels und Widerstand sein sollte. Ich will das grade gegen Sie nicht verschweigen, Sie werden Ihren Weg trotzdem gehen, und es wird gut sein, wenn Sie nicht vergessen, wie schmal er ist, und daß man die privaten Abenteuer des Geistes zwar alle lieben und wagen darf, daß aber eigentlich das Volk nicht dafür seine Pfarrer bezahlt.

Ich will mit dem allem gar nicht recht haben und Objektives sagen, aber mich aussprechen, ganz subjektiv. [...]

Herzliche Grüße von Ihrem

27. An eine unbekannte Adressatin

[ca. 1933]

Verehrte gnädige Frau!

[...] Sie haben, als Sie den katholischen Glauben verließen, damit die beste und gültigste Formulierung abgelehnt, die das Streben nach einer geistigen Begründung unsres Daseins und nach einer hohen Sinngebung für unser Leben im Abendland gefunden haben. Und nun erwarten Sie, irgendein Literat solle Ihnen in einem Brief schnell eine bessere und brauchbarere Formel geben. Sie sehen ein, daß das nicht geht. Sie müssen entweder zu einer dogmatischen, festen Formel zurückkehren, und sich mit ihr abkämpfen und sie zu erfüllen und völlig ernst zu nehmen trachten – das tun auch heute noch viele echte Katholiken, darunter einige der besten Köpfe des heutigen Europa: z. B. hat Theodor Häcker kürzlich in seinem kleinen Buch »Was ist der Mensch«?[1] den römischen Glauben mit Hinblick auf die heutige Weltlage wundervoll neu formuliert. Oder Sie müssen auf Führung und Formulierung verzichten und nur dem eigenen Herzen folgen. Aber ich habe den Eindruck, Sie suchen viel zuviel mit dem Verstand, sonst würden Sie nicht solche Dinge über die Grausamkeit in der Natur sagen können. Sie könnten gerade so gut als Prinzip aller Natur die Liebe entdecken, wie Sie die Grausamkeit entdeckt haben. Das sind Spielereien. Fangen Sie doch dort an, wo Sie selber in Ihrem Leben Aufgaben sehen, an die Sie glauben, wo Sie ändern helfen und etwas sein müssen,

47

und fragen Sie sich, ob Sie dem scheinbaren Egoismus der »Natur« folgen oder doch lieber diese Aufgaben auf sich nehmen und damit im eigenen Herzen die Forderung anerkennen wollen. Und dann bleiben Sie bei dem, was Ihr Herz entscheidet.

Das Leben hat so viel Sinn, als Sie ihm zu geben vermögen. Die Bibel und das Dogma und alle Philosophien sind nur eine Hilfe, diese Sinngebung zu erleichtern. Die Natur, die Pflanze und das Tier, bedarf der Sinngebung nicht, weil sie den Gedanken und die Sünde nicht kennt, sie lebt naiv und unschuldig. Wir Menschen sind weniger als Tiere, wenn wir versuchen wollen, ohne Sinn zu leben. Sinn gewinnt das Leben, wenn wir es, soweit möglich, dem naiven Streben nach egoistischer Lust entziehen und in einen Dienst stellen. Wenn wir diesen Dienst ernst nehmen, kommt der »Sinn« von selbst. [...]

28. An Alfred Schlenker

Anfang Mai 1934

Lieber Schlenker!

Danke für Deinen Brief, er freut mich als Zeichen der Freundschaft, und tut mir leid und weh mit seinem Inhalt. Auch bei mir geht das Materielle von Jahr zu Jahr stark zurück, seit zwei Jahren habe ich mehr verbraucht als eingenommen, und das geht rasch so weiter. Was die Gedanken und Gesinnungen betrifft, so glaube ich nicht, daß viel auf die unsern ankommt, wir werden bald wieder dort sein, wo wir anno 14 bis 18 waren, und niemand wird uns fragen, ob wir für die Größe dieser Ereignisse schwärmen oder nicht. Dennoch möchte ich nicht verhehlen, daß ich Deinen Glauben keineswegs teile. Ich sandte Dir diesen Winter mein Gedicht »Besinnung«, dort habe ich genau und mit peinlicher Prüfung jedes Wortes meinen Glauben zu formulieren versucht, soweit er dessen fähig ist. Du siehst daraus eindeutig, daß ich an die Herkunft des Menschen aus dem Geist, nicht aus dem Blut glaube, und so kann ich als höchste und letzte Bestimmung des Menschen auch nicht sein Rotieren um den »Stamm« erkennen, was eine natürlich-egoistische Angelegenheit des Materiellen und Tierischen ist, sondern sein »Rotieren« um Gott, das einzige, was mir am Menschenleben beachtenswert und liebenswert scheint, denn im Tierischen ist der Mensch, eben weil er auch noch den Geist dazu mißbrauchen kann, sehr viel wilder und böser als jedes Tier. Dem Wiederausbruch dieser Triebe, unter Vorantragung schöner (und wirklich geglaubter und verehrter) Ideale gehen wir wieder entgegen. Ich sehe diese zwangsläufigen Entwicklungen verhältnismäßig ruhig an, aber ich möchte keinen Zweifel darüber lassen, daß diese Ideale, so aufrichtig die Jungen ihnen glauben mögen, mir keineswegs genügen. Sie genügen zum Kriegführen, zu sonst nichts.

Nun, das stört meine alte Freundschaft für Dich nicht, ich war froh, endlich wieder etwas mehr von dir zu hören. Ich bin wieder sehr am Arbeiten und komme mit den Augen grade so knapp durch, das Physische am Leben ist mir ja nie recht leicht gefallen und hat mir nie viel Spaß gemacht, früher habe ich die andern um ihre Freuden oft beneidet: essen, verdauen, schlafen, gesunde Augen, keine Schmerzen – das alles schien mir sehr beneidenswert. Aber ich fand auf die Dauer, daß die Gesunden mit ihrem Rüstzeug auch nicht viel Besseres anfangen als wir andern, und wünsche nichts mehr anders.

Göttlich ist und ewig der Geist.
Ihm entgegen, dessen wir Bild und Werkzeug sind,
Führt unser Weg; unsre innerste Sehnsucht ist:
Werden wie Er, leuchten in Seinem Licht.

Aber irden und sterblich sind wir geschaffen,
Träge lastet auf uns Kreaturen die Schwere.
Hold zwar und mütterlich warm umhegt uns Natur,
Säugt uns Erde, bettet uns Wiege und Grab;
Doch befriedet Natur uns nicht,
Ihren Mutterzauber durchstößt
Des unsterblichen Geistes Funke
Väterlich, macht zum Manne das Kind,
Löscht die Unschuld und weckt uns zu Kampf und Gewissen.

So zwischen Mutter und Vater,
So zwischen Leib und Geist
Zögert der Schöpfung gebrechlichstes Kind,
Zitternde Seele Mensch, des Leidens fähig
Wie kein andres Wesen, und fähig des Höchsten:
Gläubiger, hoffender Liebe.

Schwer ist sein Weg, Sünde und Tod seine Speise,
Oft verirrt er ins Finstre, oft wär ihm
Besser, niemals erschaffen zu sein.
Ewig aber strahlt über ihm seine Sehnsucht,
Seine Bestimmung: das Licht, der Geist.
Und wir fühlen: ihn, den Gefährdeten,
Liebt der Ewige mit besonderer Liebe.

Darum ist uns irrenden Brüdern
Liebe möglich noch in der Entzweiung,
Und nicht Richten und Haß,
Sondern geduldige Liebe,
Liebendes Dulden führt
Uns dem heiligen Ziele näher.

29. An seinen Sohn Bruno

[Anfang Juli 1935]

Lieber Bruno!

Du hast mich sehr beschenkt, und hast mir eine große Freude
gemacht mit Deiner schönen grünen Landschaft, ich habe sie
gern als Aquarell und gern als Motiv, und das was Du in Deinem
Brief sagst von den nicht-malerischen und nicht-artistischen
Gründen, aus denen man eine Landschaft lieben kann, das empfinde ich grade bei diesem lieben Blatt sehr mit.

Dein Bericht über die Langnauer Tour hat mich stark angeregt. Ich selber bin so elend eingerostet, alt geworden und steif
geworden, daß die Erinnerung an Wanderlust und Wander-
freuden mich, wenn sie plötzlich erregt wird, wie ein heftiges
Jugendheimweh ergreifen kann. Und dann kam die Erinnerung
an Langnau hinzu, denn jene Zeit, in der ich dich und Heiner
dort unterbringen mußte[1], gehört zu den schwersten und hoff-
nungslosesten in meinem Leben. Ich war nach mehr als drei
Jahren Krieg ganz verbraucht und verzweifelt, Mutti krank in
der Anstalt, ihre Kinder unversorgt, die finanzielle Lage täglich
schlechter, der Haushalt in Bern in halber Auflösung, es war der
Beginn der größten Prüfung und Belastung, die ich in meinem
Leben durchzumachen hatte, und wenn ich die paar male nach
Langnau kam, um nach euch zu sehen, dann tat ich es mit jedesmal noch bedrückterem Herzen. Aber auch diese Zeit ist über-

standen, und was mir dabei das Liebste ist, das ist, daß auch Mutti sich nachher wieder zu einem eigenen, tüchtigen und wertvollen Leben zurückgefunden hat. Sie hat mir zum Geburtstag Alpenrosen von der Arcegnoalp[2] geschickt und sehr lieb geschrieben. Auch sonst kamen viele Briefe, Telegramme etc., immerhin weniger als früher, die Zeiten des Überflusses sind vorbei. Aber ich war diesmal nicht heiter am Geburtstag, wir waren von der großen Hitze der letzten Zeit, vielen fast schlaflosen Nächten, mehreren Todesnachrichten aus meinem Freundeskreis und unsern eigenen Sorgen bedrückt. Aber gefeiert haben wir doch, zum Tee und zum Nachtessen waren Frau Geroe[3] und Böhmer da, wir spielten auch anderthalb Partien Boccia, dann jagte uns das ausbrechende Gewitter ins Haus, es war der erste trübe Tag mit etwas Regen seit langer Zeit.

Du hast von meiner Nachdenklichkeit und Neigung zur Melancholie einiges geerbt, aber ich hoffe, Du habest auch andres geerbt und es werde sich Dir mehr und mehr fühlbar machen. Ich bin auch jetzt noch oft genug traurig, mit dem Leben und mir unzufrieden, aber im Ganzen sehe ich doch das Leben für gut an und bin mit ihm einverstanden. In Deinem Brief schreibst Du von dem Gefühl, daß man doch nie das erreicht, was man sich dachte und vornahm, und grade davon handelt ein neues Gedicht, das ich Dir beilege.[4] Die paar gelehrten Worte brauchen Dich nicht zu stören (das Gedicht gehört eben mit zum Glasperlenspiel-Cyclus), der »Aquinate« ist Thomas von Aquino, und »Summen« heißen zwei seiner Hauptwerke. Im übrigen handelt das Gedicht von dem Glauben, daß auch ein beschwertes und an sich selber nicht recht glaubendes Leben gute Früchte tragen und den Außenstehenden oder Nachkommen als schön und vollkommen erscheinen kann. [...] Addio, Lieber, ich danke Dir nochmals.

30. An einen unbekannten Leser

[Mitte November 1936]

Danke für Ihren Brief, ich bekam ihn am ersten Morgen meiner Kur in Baden (im Aargau), das Sie aus dem »Kurgast« kennen.

Daß der Traum Knechts[1] Ihnen seinen »Sinn« nicht sofort gezeigt hat, ist nicht verwunderlich. Wir nehmen von außen nur das auf, wozu wir zur Zeit gestimmt oder präpariert oder prädestiniert sind, darum wirkt oft eine Dichtung heute auf uns sehr stark, die wir vorgestern als etwas uns ganz Fremdes ablehnten. Ich habe da mit Lesern oft wunderliche Sachen erlebt. Es gibt viele, die eine Zeitlang einen bestimmten Dichter lieben und brauchen, und einzelne davon schreiben ihm dann auch gelegentlich. Und so haben manche junge Leute, nachdem sie eine Zeitlang mir oft und herzlich geschrieben hatten, beim Eintritt in eine andere Stufe ihres Lebens mich plötzlich nicht mehr brauchen können, sie entdeckten plötzlich ganz andre Weisheiten und sahen nicht nur mit einem gewissen Mitleid auf den Dichter herab, der bis vor kurzem ihnen noch als Begleiter oder Ratgeber oder Spiegel gedient hatte, und manche von ihnen hatten auch das Bedürfnis, mir das zu sagen und durch eine Absage an mich sich selber zu rechtfertigen. Doch ist, freilich sehr selten, einige Mal auch noch das Weitere passiert: daß ein solcher Leser viele Jahre, nachdem er sich energisch und unwirsch von mir abgewandt hatte, mich plötzlich wieder entdeckte und mir nochmals schrieb und nochmals neu in ein Verhältnis zu mir trat. Ähnlich geht es wohl vielen, und jedem von uns geht es selber ja auch so.

Übrigens darf man ja Gedichte nicht in derselben Weise nach ihrem Sinn fragen wie Verstandesaussagen. Ihre Sphäre ist die magische, kindliche, musikalische, und jenes Gedicht von mir ist ja ohnehin ein Traum, also der nicht intellektuellen, rein seelischen Quelle entsprungen.

Aber wenn man dennoch versucht, den »Sinn« jenes Traums zu fixieren, findet man doch etwas ganz Bestimmtes, nämlich die Erkenntnis: alles Wissen und alle Vermehrung unsres Wissens endet nicht mit einem Schlußpunkt, sondern mit Fragezeichen. Ein Plus an Wissen bedeutet ein Plus an Fragestellungen, und jede von ihnen wird immer wieder von neuen Fragestellungen abgelöst. Das ist in dem Gedicht deutlich ausgesagt, und es bleibt jedem Leser überlassen, über diese Erkenntnis betrübt oder froh oder beides zu sein: die meisten Wahrheiten sind ja beides. Und es gibt, außer vielen andern Zeugnissen, z. B. ein berühmtes Wort von Lessing. Er sagt etwa: wenn ich zu wählen hätte zwischen dem einmaligen und endgiltigen Besitz der Wahrheit und dem ewigen leidenschaftlichen Suchen und Streben nach ihr, dann würde ich das Suchen und Streben wählen. – Dieser Meinung ist auch Josef Knecht. [...]

31. An Otto Basler

[Baden, bei Zürich] 1. 12. 1937

Lieber Herr Basler!

Danke für Ihren Brief. Ich glaube, um jenes Lächeln zu lernen, braucht es außer dem guten Willen und der nötigen Portion von Leid nur eben noch einen Schimmer, einen Tropfen von Gnade, und die kann man sich freilich nicht selber geben, ich so wenig wie Sie. Sie kommt und geht, manchmal hat man sie und lebt in ihr, manchmal ist sie wieder fern und wie nie gewesen, aber man weiß doch von ihr. Ich glaube, mit der Gnade ist es nicht so, wie manche Theologen gelehrt haben, etwa Calvin: daß sie allein eine Sache Gottes und vom Menschen ganz und gar nicht erlangbar ist. Wenn man das Bildnis Calvins ansieht, glaubt man nicht, daß er viel über das Geheimnis der Gnade wissen konnte. Ich glaube, die Gnade, oder das Tao oder wie man es nennen will, umgibt uns immerzu, sie ist das Licht und ist Gott selbst, und wo wir einen Augenblick offenstehen, geht sie in uns ein, in jedes Kind wie in jeden Weisen. Ich halte viel vom Heiligsein, aber ich bin kein Heiliger, ich bin von einer ganz andern Art, und was ich an Wissen um das Geheimnis habe, ist mir nicht offenbart worden, sondern gelernt und zusammengesucht, es ging bei mir den Weg über das Lesen und Denken und Suchen, und das ist nicht der göttlichste und unmittelbarste Weg, aber ein Weg ist es auch. Einmal bei Buddha, einmal in der Bibel, einmal bei Lao Tse oder Dschuang Dsi, einmal auch bei Goethe oder andern Dichtern spürte ich mich vom Geheimnis berührt, und mit der Zeit merkte ich, daß es stets dasselbe Geheimnis war, stets aus derselben Quelle kam, über alle Sprachen, Zeiten und Denkformen hinweg.

Ich war ein Stündchen bei Thomas Mann und fand ihn heiter und gesund, das war schön.

32. An Leonie Stämpfli

Sommer 1938

Liebe Frau Dr. Stämpfli!
Danke für Ihren lieben Brief; es freut mich zu erfahren, daß Sie das kleine Büchlein[1] damals fanden und es freundlich aufgenommen haben. Ich habe das Büchlein erscheinen lassen, teils um wieder einmal meinen Freunden eine Kleinigkeit schenken zu können, teils um den jungen Drucker in Mainz zu unterstützen, der etwas kann und will, so daß ich auf seine Anfrage nach Text für einen schönen Druck nicht nein sagen mochte. Im übrigen wird wohl kaum mehr ein Buch von mir in Deutschland erscheinen können.

Die Stimmung und Lebensstufe, aus der Ihr Brief entstanden ist, kann ich, obwohl sie hinter mir liegt, noch wohl genug verstehen, um Ihren Brief ernst zu nehmen und das in ihm ausgedrückte Vertrauen zu schätzen. Wir haben alle den Trieb zum Glücklichsein in uns und damit die Abwehr gegen das Leid, den Tod, das Alter etc., und ich bin nicht der Meinung, daß es gut sei und etwas nütze, wenn wir diesen Trieb und diese Abwehr in uns willentlich unterdrücken. Und trotzdem ist jeder Schritt vorwärts im Leben und in der Einsicht ein Jasagen zur dunklen Seite des Lebens, ein Erwachen in die tragische Wirklichkeit des Menschendaseins hinein. Heute ist das ja jedem leicht gemacht und nahegelegt, wo um uns herum die Erde stöhnt vom Jammer der Vergewaltigten, Verjagten, Beraubten. Ich habe seit Monaten wohl kaum einen Tag gehabt, an dem meine Briefpost, von meinen eigenen Sorgen ganz abgesehen, nicht einige Bitten, Fragen, Hilferufe von Freunden, Kollegen oder auch Fremden enthielt, deren Lage eine sofortige Hilfe forderte. Die einen müssen aus der Hölle, zu der Wien geworden ist, befreit werden, die andern, denen schon die Flucht in die Schweiz gelang, sehen sich hier von einem Tag zum andern von der Polizei ausgewiesen, viele werden seit Monaten, manche seit Jahren von Land zu Land, von Grenze zu Grenze geschoben, heimatlos, ohne Möglichkeit zu irgendwelcher Arbeit oder Besinnung, von Uniformierten angeschnauzt, überall überwacht und verfolgt, überall wie Verbrecher behandelt und wie Diebe gefürchtet, obwohl sie niemandem was tun. Mit solchen Sachen habe ich es, im Grunde, seit meinem Erwachen zur Einsicht in die Wirklichkeit des Lebens (seit dem Weltkrieg) immerfort zu tun gehabt, und jetzt ist die Welle wieder so hoch gestiegen, daß ich oft das Gefühl habe, den ganzen Tag in Blut und Dreck gewatet zu sein und das Menschenleben nicht mehr ertragen, oder nicht mehr ernst nehmen zu können. Dennoch ist im

Grunde, und unbeeinflußt von diesen Stimmungen und Müdigkeiten, mein Glaube ganz unberührt, ich werde mein Wissen und Ahnen um den Sinn des Lebens auch dann noch für richtig halten, wenn Hitler und Stalin oder Mussolini persönlich mich in einem seiner Kerker durch die Folter zu belehren suchen sollte. Ein Kollege und Freund von mir, Ernst Wiechert, nebst Niemöller[2] einer von den wenigen Deutschen mit etwas Courage, sitzt zur Zeit gefangen, so wie manche andre meiner Freunde, soweit sie nicht schon getötet wurden oder sich selber getötet haben.

So schwimmt man durch seinen Tag und durch seine Zeit, jeder auf seine Art, jeder bemüht, das Leid von sich abzuwehren, das fremde wie das eigene, und doch von diesem Leid umgeben und heimlich beherrscht, und unterwegs zu Zuständen, in denen das Leid nicht mehr weh tut, und das Glück nicht mehr begehrenswert scheint. Ich schwatze das so vor mich hin, etwas betäubt von der großen Hitze und langer Schlaflosigkeit, nehmen Sie damit vorlieb, ich wollte doch Ihren lieben Brief nicht ohne Antwort lassen.

33. An Walter Köhler

[Ende 1938]

Lieber Herr Köhler!

[...] Sie haben so sehr recht mit Ihren Worten über Demut, die man zu haben glaubt und dann doch nicht hat, und Glauben, den man angeblich hat und doch nicht hat! Aber, lieber Kamerad, das ist Menschenlos; auch der Gute, auch der Tapfere, auch selbst der Heilige ist seines Glaubens und seiner Tugenden nicht sicher, er muß stets Rückfall fürchten, und tut es auch. Daher das Symbol der Erbsünde: ihr entrinnen wir alle nicht, und dennoch steht jedem die Gnade offen, dem Sünder oft rascher und leichter als dem Gerechten. Wie komisch und schrullig klingen diese alten Dinge einem Weltmenschen von heute! Aber Ihr Dostojewski hat tief um sie gewußt.

Ich bin stark beladen, bei schlechter Gesundheit, trotzdem haben wir Weihnacht gefeiert, wir hatten die Witwe von Hugo Ball über diese Zeit als Gast bei uns. Glauben Sie, daß unsre Leiden nicht wertlos und vergeblich sind. Und wenn wir nur wenige sind, desto wichtiger ist die Aufgabe. Herzlich Ihr

34. An Rolf Conrad

[September 1940]

Jeder Lauf, ob zur Sonne oder zur Nacht, führt zum Tode, führt zu neuer Geburt, deren Schmerzen die Seele scheut. Aber alle gehen den Weg, alle sterben, alle werden geboren, denn die ewige Mutter gibt sie ewig dem Tag zurück.

Es grüßt Sie Ihr

35. An Olga Diener

[11. 10. 1940]

Liebe Olga Diener!
Schönen Dank für Ihre liebe Sendung! Was Sie in Ihren Zeilen andeuten, bewegt mich, ohne mich doch eigentlich zu überraschen. Es hat jeder Mensch, sofern er überhaupt eine Person ist und ein Gesicht hat, auch seine Art von Schicksal, ihm zubestimmt und zugeboren, und oft sieht es aus, als wähle er dies Schicksal sich selber und absichtlich, so sicher tut und erlebt er das ihm Zubestimmte. Und so habe ich auch von Ihnen eine Ahnung, von Schicksal und Wesensart, und sehe das, was Sie erleben, durchaus als dazu passend an. [...]

Ach, unser Leben, soweit es nicht vom Geist erfüllt und geleitet ist, führt uns in lauter Paradoxe und Unbegreiflichkeiten, das habe auch ich vielfach erfahren, und mit der Liebe habe auch ich nicht allzuviel Glück gehabt, wenn ich auch manchen Becher davon getrunken habe.

Möchte es Ihnen doch noch gelingen, sich wieder »hauslos« zu machen (ein indischer Begriff) und in Ihre Stadt zurückzukehren! Oder möge Ihre See-Einsamkeit sich wandeln, und die Welt in irgendeiner neuen Form dort bei Ihnen einkehren! [...]

Es grüßt Sie in gutem Gedenken Ihr

36. An R. J. Humm

18. II. 1941

Lieber Herr Humm!

Ich bin erst eine Woche in Baden, und der Arzt erlaubt mir nur ganz kurze Bäder; trotzdem bin ich schon so müde, daß ich Bett und Haus gar nicht mehr verlassen würde, käme nicht am Nachmittag Ninon, die ich dann am Bahnhof abhole, das ist meine einzige Arbeit im Tag.

Heut hat sie sich besonders gelohnt, denn ich bekam auf meinen Wunsch den Theseus erzählt[1], Bühne, Puppen und Aufführung genau beschrieben, und habe mit Genuß und manchem Spaß nachträglich der festlichen Sache beigewohnt, wofür ich Ihnen Dank schulde.

Der Theseuswelt war ich ohnehin nicht ferne, da ich ein Bändchen der Schwabschen Sagen[2] hier habe und des öftern drin lese.

Auf meinem Nachttisch aber liegt ein dicker Band Friedrich Rückert, und ich habe Nacht für Nacht viel in der »Weisheit des Brahmanen« gelesen[3], wo man nach jeder dürren Sandstrecke

doch wieder Palmen wehen sieht und Quellen rinnen hört. Sehr
lieb und anmutig fand ich z. B. die Verse:

Die Tage sehen wir, die teuren, gerne schwinden,
Um etwas Teureres herangereift zu finden:
Ein seltenes Gewächs, das wir im Garten treiben,
Ein Kind, das wir erziehn, ein Büchlein, das wir schreiben.

Und ein andermal sagt er von der Dichterei:

Mich freut's am Abend nicht, daß mir manch Lied entsprungen,
Mich freut's nur, wenn ich weiß, daß keines mir mißlungen.
Was tut's, wenn keins entsprang? Doch wenn nur eins mißlang,
Mit diesem muß ich dann mich plagen tagelang.
Ich kann ihm nicht entziehn das Leben, ihm verliehn;
Das mißgeborne Kind, ich muß es doch erziehn.

Seien Sie gegrüßt von Ihrem

37. An Will Eisenmann

[ca. November/Dezember 1941]

Lieber Herr Eisenmann!
[...] Ihre Worte über »die Asketen« und die Schöpfer, die Sie zu
ihnen in Gegensatz stellen, habe ich mit rechtem Vergnügen
und Beifall gelesen – jedoch nicht, ohne zu vergessen, daß natürlich die entgegengesetzten Meinungen genau ebenso richtig
wären und mit ebenso guten Gründen verteidigt werden könnten. Wo Sie nun von den Künstlern sprechen, da verstehen Sie
Ihre Sache eben genau und stehen auf sicherem Boden, Ihr Lob-
lied auf die Schöpfer der schönen Werke hat meinen vollsten
Beifall. Doch zweifle ich ein wenig, ob Sie sich in ein wirkliches

religiöses Leben ganz hineindenken können. Dies ist vom nicht-religiösen Leben völlig und radikal verschieden. Die Beziehung auf Gott für jeden Schritt des Lebens, die Centrierung des ganzen Lebens durch Gott, ergibt ein völlig andres Weltbild als unsre weltliche Einstellung. Dabei steht das Soziale, das Mitleid mit der Not und Ungerechtigkeit, keineswegs obenan; ein religiöses Leben ohne Mitleid und Hilfsbereitschaft gibt es zwar nicht, aber daß diese soziale Not die beherrschende sei, ist nicht nötig und wird zum Teil vom Zeitgeist, also von der Mode mitbestimmt.

Nicht recht klar ist mir, was Sie unter den »Asketen« verstehen. Askese als Selbstzweck kann schön, heroisch und großartig sein wie jede außerordentliche Anstrengung es sein kann, aber z. B. im mönchisch-christlichen Leben spielt sie nur selten diese Rolle eines Selbstzweckes, und so kann man auch das abendländische Mönchtum unmöglich als einen Gegenpol zum Kulturellen und Künstlerischen bezeichnen. Im Gegenteil: das ganze Mittelalter hindurch, seit dem 6. Jahrhundert und dem heiligen Benedikt, sind die Mehrzahl der Klöster nicht nur Übungsstätten der Askese oder Weltferne gewesen, sondern Heimat aller Kultur, aller Gelehrsamkeit, aller Musik, des Schulwesens, der Krankenpflege und Armenpflege.

Na, ich muß aufhören. Meine Frau hätte gern auch ein Wort mitgeschickt, aber sie ist arg überlastet, sie hat eine Post wie ein weltberühmter Tenor, und jeden Augenblick lange Ferngespräche und Telegrammwechsel – hoffentlich wird das alles am Ende wenigstens irgendein Resultat haben, und wirklich etwas für ihre Angehörigen geschehen können. Wenn ein heutiger Franziskus das Bedürfnis hätte, sich mit aller Menschennot der Welt möglichst innig zu verbinden, so müßte er sich mit einer Cernowitzer Jüdin verheiraten.

38. An das Kuratorium der Stiftung Lucerna

Baden, [ca. November/Dezember 1942]

Durch meinen Freund Leuthold bekam ich die Drucksachen über die Stiftung Lucerna zu Gesicht und die Einladung, im Sommer durch einen Vortrag dabei mitzuwirken.

Zu meinem Bedauern muß ich Ihnen mitteilen, daß ich schon in früheren Jahren nur ausnahmsweise als Vorleser oder Vortragender aufgetreten bin und nun schon seit mehreren Jahren diese Tätigkeit ganz eingestellt habe. Der Grund dazu war der dauernd schlechte Zustand meiner Gesundheit. Aber nicht weniger trug dazu bei die Einsicht, daß meine Funktion in der Welt nur die des Dichters ist, und ihre Ausübung ist mir nur möglich bei größter Zurückgezogenheit.

Sie verlieren dabei nichts. Mir selbst tut es leid, denn ich habe mit Lehrern, namentlich jungen Lehrern, auch Seminaristen, sehr häufig Kontakt gehabt, bin von vielen mündlich und schriftlich aufgesucht und befragt worden, und stehe mit mehreren in Briefwechsel.

Dennoch verlieren Sie nichts, wenn Sie auf meine Mitwirkung verzichten müssen. Denn ich habe im Laufe der letzten Jahre eingesehen, daß es mir nie möglich sein wird, meinen Glauben und mein Bekenntnis anders auszusprechen als in den Gleichnissen der Dichtung; die direkte Lehre ist nicht mein Gebiet.

Dies hängt damit zusammen, daß ich zu dem wichtigsten Problem des geistigen Lebens von heute eigentlich nichts beizutragen habe, zum Problem des Gemeinschafts- und Kollektivlebens. Die Welt und Jugend strebt heute unbeirrbar und unaufhaltsam zum Kollektiven, ist ja oft auch, auf faschistischer wie kommunistischer Seite, mit einer sehr rohen und geistfeindlichen Art von Gemeinschaft zufrieden.

Umgekehrt war ich lebenslänglich ein Einzelner und habe meine Einordnung ins Ganze des geistigen Lebens mehr in der Vergangenheit und Geschichte suchen müssen als im aktuellen Leben; ich war vollkommen unfähig, mich einer der primitivsten Formen von Gemeinschaft auch nur versuchsweise anzuschließen, und desto mehr auf die Auseinandersetzung mit den Religionen und Philosophen der Vergangenheit angewiesen, um schließlich noch den Glauben zu gewinnen, daß auch ich trotz meines Einzelgängertums mit dem Ganzen der Menschheit innig zusammenhänge.

Darum kommen zu mir seit vielen Jahren als Frager und Ratsucher jene jungen Menschen, denen es beschieden ist, sich über das alltägliche Maß hinaus individualisieren und differenzieren zu müssen, und die dann unter dem Zwiespalt mit den Forderungen der Gemeinschaft leiden. Dem Einzelnen konnte ich zuweilen weiterhelfen, Prinzipielles aber habe ich nicht zu sagen.

39. An Rolf Conrad

[ca. 1944]

Lieber Herr Conrad!
Sie sagen, die Probleme und Schicksale von Goldmund und Narziß hätten mit heute nichts zu tun. Dann bleibt aber doch noch der Steppenwolf, und der hat mit heute sehr zu tun. Wenn Sie ihn lesen, so finden Sie alles das, was Ihren Brief erfüllt, darin zur Diskussion gestellt. Die Mehrzahl der Leser, namentlich der nicht mehr jungen Leser, finden dies Buch trostlos und verzweifelt und glauben, es handle von nichts als vom Untergang unsrer Kultur, es handelt aber für den, der lesen kann, gerade vom Gegenteil, vom Ewigen: von Mozart und von den Unsterblichen. Sehen Sie sich diese Welt einmal an, mit oder ohne Steppenwolf!

Lassen Sie die Schreier schreien und versuchen Sie mit den paar Menschen, die Ihnen ähnlich sind, ein besseres Leben und Denken aufzubauen als Ihre Umwelt, und Ihr Leben wird plötzlich einen hohen Sinn und Wert bekommen. [...]

Aber Eins dürfen Sie nicht vergessen: alles Lebendige ist ein Werden, nicht ein Sein. So ist auch das, was Sie »Kultur« nennen, nichts Fertiges und Abgeschlossenes, das man erben und pflegen, oder das man wegwerfen und zerstören kann. Sondern es bleibt stets genau so viel von unsrer Kultur lebendig und wirkt weiter, als die Generation sich zu eigen zu machen und lebendig zu machen vermag. Bleiben Sie den Gedichten treu, aber nicht um die »Wirklichkeit« zu negieren, sondern um mit beseelterer Kraft dem Unsinn zu widerstehen und dem Sinn zu dienen. Sinn heißt Tao, das weitere steht bei Lao Tse und den andern Weisen Chinas.

40. An einen Schüler

Dezember 1944

Lieber Herr Schuler!
Ich bin zur Zeit nicht im Stande richtige Briefe zu schreiben, ich bin alt und krank. Und Ihr Brief gibt mir keine rechte Handhabe, ich kann nicht genau sehen, was Sie suchen, vielleicht wissen Sie es selbst nicht. Aber nach Ihrem Brief habe ich den Eindruck, Sie seien auf keinem schlechten Wege.

Was die Bücher und das Lesen betrifft, so muß man natürlich unterscheiden zwischen dem, was man der Schule und des Lernens wegen liest, und der persönlichen, freiwilligen Lektüre. Bei dieser rate ich Ihnen, sich zu nichts zu zwingen, was sich Ihnen nicht von selber öffnet. Jedes Alter und jede Stufe der Erfahrung hat da ihre eigenen Bedürfnisse und Gesetze. Als ich etwa in Ihrem Alter war, war mir Goethes Werther sehr

viel lieber als die Wahlverwandtschaften, heute ist es umgekehrt.

Etwas, was ich über Bücher früher einmal geschrieben habe,
lege ich Ihnen bei. Und da Sie Gedichte gern haben, auch zwei
neue Gedichte.[1]

41. An seine Schwiegertochter Isa

[November 1946]

Liebe Isa!

Danke für Deinen Brief mit den beiden lieben Zeichnungen.
Ich bin in Marin bei Neuchâtel, gebt aber die Adresse nicht
weiter. Die Belastung seit dem Nobelpreis ist groß, und hat
natürlich die Ruhe, die ich hier gesucht hatte, vollkommen
zerstört. Es liegen noch einige hundert ungeöffnete Briefe aus
vielen Ländern da, obwohl ich seit 14 Tagen jeden Tag dran
gearbeitet habe, und wir haben in diesen 14 Tagen für wohl 200
Franken telegrafiert und telefoniert. In Stockholm an der No-
belfeier wird mich nun der Schweizer Gesandte vertreten, doch
mußte ich immerhin dafür eine kleine Ansprache aufsetzen.

Etwas Drolliges stand in der Gazette de Lausanne. Da kam
ein netter und witziger kleiner Aufsatz über mich, und darin
kam ein lustiger Druckfehler vor. Es sollte heißen, ich sei in
einer Familie von Missionaren aufgewachsen, aber statt Missio-
nare stand da »Millionäre« gedruckt.

Für einige Tage ist Ninon wieder da und kann mir manches helfen. Aber die verrückten ununterbrochenen Augenkopf-
schmerzen, die oft sogar noch die ganze Nacht andauern,
zwingen mich doch, fast immer allein zu bleiben.

Euch und den Kindern herzliche Grüße!

von Deinem Vater Hesse

42. An Karl Kuprecht

[Ende Mai 1947]

Lieber Herr Kuprecht!
Eben war ich wieder acht Tage zu Untersuchungen in einer Klinik[1], um meine Frau zu beruhigen. Ich danke für Ihren Brief. Es ist, wie Sie sagen: Einsam ist, wer die Schönheit zu erleben und von ihr zu sagen weiß. Es ist die Einsamkeit des Berufenen, er darf die Kinderwelt und das Kinderleben der andern nicht teilen. Dafür hört er die Stimmen, die jene nie hören. Und außerdem gibt es für seine Einsamkeit, wie für jede, die Lösung und Erlösung: das Erkennen des Einen und Ganzen hinter allen Vereinzelungen.

Es grüßt Sie Ihr

43. An Max Wassmer

[24. 8. 1947]

Lieber Max!
Heut ist Sonntag und Dein Geburtstag, es ist morgens früh, Haus und Gegend noch im Schlaf, da will ich als Erstes, was ich an diesem Festtag tue, Dir gratulieren, Dir Gutes wünschen und Dir danken.

Große Sprüche mache ich nicht, ich drücke Dir bloß die Hand und freue mich, daß Du mein Zeitgenosse und mein Freund bist. Und weil alte Leute sonst nichts rechtes mehr können als den Jüngeren weise Ratschläge zu geben, gebe auch ich Dir einen Rat und Wink, weil der 60. Geburtstag dafür genau der rechte Augenblick ist. In diesem Alter wird es Zeit, daß man ein wenig von seinem Männer- und Knabenstolz und Trotz aufgibt und mit dem Leben, das man bisher kommandiert hat, etwas sanfter und behutsamer umzugehen beginnt. Dazu gehört etwas Sorgfalt und Nachgiebigkeit den Schwächen und Krankheiten gegenüber; man sollte sie dann nicht mehr anknurren und gewaltsam zum Schweigen bringen, sondern ihnen etwas nachgeben und schöntun, sich pflegen und sowohl mit Arzt und Medizin wie auch mit mehr Ausruhen, mehr Kuren und Zwischenpausen in der Arbeit ihnen die Ehre erweisen, die ihnen gebührt, denn sie sind Sendboten der größten Macht, die es auf Erden gibt.

Sonst habe ich Dir nichts zu raten, nur Kraft, Freude und Frieden zu wünschen, und Dir einmal wieder Dank zu sagen, für die schönen Tage bei Dir und der lieben Margrit und für alles, was wir Freunde an Dir haben.

FÜR MAX ZU SEINEM 60. GEBURTSTAG

Wir haben kein übles Leben geführt,
Wir haben es uns nicht leicht gemacht
Und allerlei Wind und Wetter verspürt,
Hinlänglich gezecht auch und gelacht
Und unserem Willen und Eigensinn
Manch kräftiges Opfer dargebracht,
Auch manche saftige Dummheit gemacht.
Das Leben zerrte uns her und hin,
Hat uns Freude und Sorgen reichlich gegeben,
Und ich, da ich der Ältere bin,
Werde seiner nun müd und satt.
Doch war es ein volles und reiches Leben,
Reich an Liebe, an Arbeit, an Freunden, an Festen
Bei Wein und Kerzen mit lachenden Gästen,
Und wenn uns auch vieles geplagt und verdrossen,
Wir haben es hundertfach genossen,
Uns an der Musik und am Wein erlabt

Und, alles in allem, viel Spaß gehabt.
Daß dann zuletzt in den alten Tagen
Uns alles nicht mehr so schmeckt und gefällt
Und Sinne und Glieder allmählich versagen,
Läßt sich nicht leugnen. Man muß es ertragen
Und lebt immer mehr in der Bilderwelt
Des Einstmals, in der Erinnerung Garten,
Wo, aufbewahrt in so golden-zarten
Farben, die Blumen weiterblühn
Und die Feste von einst stets neu erglühn.
Du wirst, o Freund, wenn auch Du einst ermattest,
Dich dieser Bilder nicht minder freuen
Und immer wieder erstaunend sehn,
Welch königlich reiches Leben Du hattest.
Alles wird leuchten, nichts wird Dich reuen,
Denn Du bist einer von jenen Treuen,
Die hell und aufrecht durchs Leben gehn.
Du hast uns Freunden, alten und jungen,
Viel Freude geschenkt, viel Erinnerungen
An Güte und Treue, an Helfen und Schenken,
Sie strahlen auf, wenn wir Deiner denken.
Du warst ein Meister im Freudebereiten,
Drum soll Dich die Freude und Zuversicht,
Die Herzenswärme, das Liebeslicht
Treu bis zum letzten Tage begleiten.

Für Max von seinem Hermann Hesse, geschrieben beim
Brunnen unterm Kastanienbaum im August 1947

44. An Siegfried Unseld

Lieber Herr Unseld!

Danke für Ihre freundliche Gabe. Ich habe Ihre Arbeit[1] nur überfliegen können, ich bin alt und jeden Tag seit Jahren schwer überbürdet, meist mit Aufgaben, die mit Literatur nichts mehr zu tun haben. Doch fiel mir gleich im ersten Satz die Behauptung auf von den »fehlgeschlagenen Versuchen«. Es war aber nur ein einziger Versuch, den ich und mein tapferer Berliner Verleger Suhrkamp machten. Wir hatten den Wunsch, das in jedem Sinne gegen Hitler und das offizielle Deutschland gerichtete Buch[2] mitten während des Krieges in Deutschland einzuschmuggeln, und legten das Manuskript der Behörde vor in der Hoffnung, sie würde vielleicht nichts merken, aber der Druck wurde nicht erlaubt, obwohl wir einige besonders deutliche Stellen in dem vorgelegten Exemplar weggelassen hatten. Suhrkamp hat seine tapfere Haltung und seine Treue für mich mit Gefängnis, Konzentrationslager, Mißhandlung und Verurteilung zum Strang gebüßt, nur durch ein Versehen blieb er am Leben.

Im übrigen sah ich aus den Proben aus Ihrer Arbeit, die ich lesen konnte, daß Sie, im Gegensatz zu den von sowjetischer, von protestantischer Seite erfolgten ablehnenden Kritiken, mein Buch im wesentlichen angenommen und bejaht haben. Ich habe mich um die Wirkungen meiner Arbeit nicht zu kümmern, doch hat Ihre Einstellung mir Freude gemacht.

Mit Ihren chinesischen Studien haben Sie einen Weg betreten, um den ich Sie beneiden könnte und auf dem unendlich Schönes Sie erwartet. Grade letzter Tage hatte ich einen Brief von der Witwe Richard Wilhelms, des Sinologen, dessen Übersetzungen und Deutungen ich am meisten verdanke. Sie lebte mit zwei Söhnen in Peking, das vor kurzem evakuiert wurde, und wartet nun in Shanghai auf die Möglichkeit der Rückkehr nach Deutschland.

Nun genug, ich darf mir einen so langen Privatbrief nur ganz selten erlauben. Ich hätte Ihnen ein Buch gesandt, aber Ihre Besetzungsmacht läßt auch heute noch keine Drucksachen von Privaten nach Ihrer Zone zu. Nun versuche ich wenigstens, Ihnen auf einem Umweg zwei, drei kleine Drucke zugehen zu lassen.

Freundlich und mit guten Wünschen grüßt Sie Ihr

45. An seinen Sohn Bruno

Montagnola, 5. 1. 1949

Lieber Bruno!

Danke für Deinen Neujahrsbrief. Er ist traurig und deprimiert, und ich verstehe das nur allzu gut. Aber es steht auch der Satz darin, daß Du unter dem Gedanken leidest, es sei Dir und Deinem Leben ein Sinn, eine Aufgabe zugeteilt, deren Nicht-Erfüllung Dich leiden mache. Das ist, trotz allem, hoffnungsvoll, denn es ist wörtlich wahr, und ich bitte Dich, meine paar Anmerkungen dazu Dir je und je ins Gedächtnis zu rufen und zu überlegen. Diese Gedanken sind nicht von mir, sie sind uralt, und sie sind etwas vom Besten, was Menschen je über sich selber und ihre Aufgabe gedacht haben.

Was Du im Leben leistest, und zwar nicht nur als Maler, sondern ebenso als Mensch, als Mann und Vater, Freund und Nachbar etc. etc., das wird vom ewigen »Sinn« der Welt, von der ewigen Gerechtigkeit nicht nach irgendeinem festen Maß gemessen, sondern nach Deinem einmaligen und persönlichen. Gott wird Dich, wenn er Dich richtet, nicht fragen: »Bist Du ein Hodler geworden oder ein Amiet[1], oder ein Pestalozzi oder Gotthelf?« Sondern er wird fragen: »Bist Du auch wirklich der

Bruno Hesse gewesen und geworden, zu dem Du die Anlagen und Erbschaften mitbekommen hast?« Und da wird niemals ein Mensch ohne Scham oder Schrecken seines Lebens und seiner Irrwege gedenken, er wird höchstens sagen können: »Nein, ich bin es nicht geworden, aber ich habe es wenigstens nach Kräften versucht«. Und wenn er das aufrichtig sagen kann, dann ist er gerechtfertigt und hat die Probe bestanden.

Wenn solche Vorstellungen wie »Gott« oder »ewiger Richter« etc. Dich stören, so kannst Du sie ruhig weglassen, auf sie kommt es nicht an. Es kommt einzig darauf an, daß jedem von uns ein Erbe und eine Aufgabe mitgegeben ist, er hat von Vater- und Mutterseite, von vielen Ahnen her, von seinem Volk, seiner Sprache her gewisse Eigenschaften, gute und böse, angenehme und schwierige geerbt, Talente und Mängel, und all dies zusammen ist Er, und dies Einmalige, das in Deinem Fall Bruno Hesse heißt, hat er zu verwalten und zu Ende zu leben, reif werden zu lassen und schließlich mehr oder weniger vollkommen zurückzugeben. Es gibt da Beispiele von unvergeßlichem Eindruck, die Weltgeschichte und Kunstgeschichte ist voll davon: daß z. B. einer, so wie in vielen Märchen, der Dumme und Unnütze in einer Familie ist, und daß grade ihm eine Hauptrolle zufällt, und daß grade dadurch, daß er seinem Wesen so treu bleibt, alle Begabteren und Erfolgreichen neben ihm klein werden.

Da gab es z. B. im Anfang des vorigen Jahrhunderts in Frankfurt die hochbegabte Familie Brentano, von deren fast 20 Kindern zwei noch heute berühmt sind, die Dichter Clemens und Bettina. Nun, alle diese vielen Geschwister waren hochbegabte, interessante, überdurchschnittliche Leute, sprühende Geister, glänzende Talente; nur der Älteste war und blieb einfältig, er lebte sein ganzes Leben lang wie ein stiller Hausgeist im Vaterhaus, zu nichts zu brauchen, er war fromm als Katholik, geduldig und gutmütig als Bruder und Sohn, und wurde inmitten der witzigen und lustigen Geschwisterschar, bei der es oft sehr exzentrisch zuging, immer mehr zu einem schweigenden Mittel- und Ruhepunkt, einem wunderlichen Haus-Kleinod, von dem Frieden und Güte ausstrahlte. Von diesem Einfältigen, diesem Kindgebliebenen, sprechen die Geschwister mit einer Ehrfurcht und Liebe wie von keinem anderen Menschen. So war also auch ihm, dem Trottel, dem Blöden, sein Sinn und Auftrag mitgegeben, und er hat ihn vollkommener erfüllt als alle die glänzenden Geschwister.

Kurz, es kommt, wenn ein Mensch das Bedürfnis hat, sein Leben zu rechtfertigen, nicht auf eine objektive, allgemeine Höhe der Leistung an, sondern eben darauf, daß er sein Wesen, das ihm Mitgegebene, so völlig und rein wie möglich in seinem Leben und Tun zur Darstellung bringe.

Tausend Verführungen bringen uns beständig von diesem Wege ab, aber die stärkste aller Verführungen ist die, daß man im Grunde ein ganz anderer sein möchte als man ist, daß man Vorbildern und Idealen folgt, die man nicht erreichen kann und auch gar nicht erreichen soll. Diese Verführung ist darum für höher veranlagte Menschen besonders stark und gefährlicher als die vulgären Gefahren des bloßen Egoismus, weil sie den Anschein des Edlen und Moralischen hat.

Jeder Bub hat in einem gewissen Alter einmal Fuhrmann oder Lokomotivführer, dann Jäger oder General, dann ein Goethe oder ein Don Juan werden wollen, das ist natürlich und gehört mit zur natürlichen Entwicklung und Selbsterziehung: die Phantasie tastet gewissermaßen die Möglichkeiten für die Zukunft ab. Aber das Leben erfüllt diese Wünsche nicht, und die kindlichen und jugendlichen Ideale sterben von selber ab. Und doch wünscht man sich immer wieder etwas, was einem nicht zusteht, und quält sich mit Forderungen an die eigene Natur, die ihr Gewalt antun. Es geht uns allen so. Aber zwischenein, in

Stunden des innern Wachseins, spüren wir immer wieder, daß es keinen Weg aus uns heraus und in etwas anderes hinein gibt, daß wir mit unsern eigenen, ganz persönlichen Gaben und Mängeln durchs Leben hindurch müssen, und dann geschieht es wohl zuweilen auch, daß wir ein Stückchen weiter kommen, daß uns etwas glückt, was wir vorher nicht konnten, und daß wir für einen Augenblick uns selber ohne Zweifel bejahen und mit uns zufrieden sein können. Auf die Dauer gibt es das natürlich nicht, aber doch strebt das Innerste in uns nach nichts andrem als danach, sich selber zu spüren. Nur dann ist man in Harmonie mit der Welt, und unsereinem wird das selten zuteil, aber desto tiefer ist dann das Erlebnis.

Leb wohl, mein Lieber. Aus meinem Brief ist gegen meinen Willen fast eine Abhandlung geworden, und da sie von etwas handelt, was jeden angeht, mußt du mir erlauben, daß ich den eigentlich Dir ganz allein geltenden Brief abschreiben lasse, und ihn, oder doch Teile daraus, gelegentlich auch anderen mitteile.

Grüße Kläri und die Kinder[2] und Amiets[3], ich lasse besonders Frau Amiet grüßen. Wir sind hier auch alle, mit Ausnahme des Schwagers[4], teils halb, teils ganz krank, zwei unsrer Patienten lagen mit tüchtigem Fieber, dazu waren wir zwei Tage lang durch einen Schneefall von fast einem Meter Höhe vollkommen vom Dorf und der Welt getrennt.

Herzlich grüßt Dich Dein

Vater

46. An Werner Weber

[Juni 1951]

Lieber Herr Dr. Weber!

Danke für Ihre Zeilen und für Ihre Besprechung des Briefbuchs.[1]

Ich möchte dazu sagen: Daß die »Hälfte« der Welt sich losreißt und dem Teufel verschreibt, ist vermutlich schon öfter vorgekommen. Der Mensch ist jeder Dummheit und jeder Gemeinheit ebenso fähig wie jeder Hingabe an Sinn und Harmonie der Welt, und vermutlich sind die Dummen und Gemeinen stets in der Überzahl gewesen. Wie Gott darüber denkt, erfährt man in klassischer Form aus dem Gespräch Abrahams mit Gott wegen der Stadt Sodom. Da ist von keiner Hälfte die Rede. Gott läßt sich bis auf eine Mindestzahl an »Gerechten« herunterhandeln, und das Großartige an diesem zähen Handel ist, daß nicht Gott den Menschen zur Nachsicht und Duldung mahnt, sondern umgekehrt. Es ist ein wunderbares Gleichnis.

Worauf es mir aber ankommt, das ist: wenn die »Hälfte« der Welt sich losgerissen oder emanzipiert oder dem Teufel verschrieben hat, so gelten für die andere Hälfte alle Gesetze des sinnvollen und ehrfürchtigen Lebens unverändert weiter. Wenn auch diese andere Hälfte an die Atombombe statt an die Vernunft, an die Technik statt an die Natur, an den Krieg statt an den Frieden glaubt, dann gehört eben die ganze Welt dem Teufel, und es hebt eine neue Epoche der Geschichte an – nach meinem Geschmack eine weder hübsche noch irgend interessante, denn das Interessante, brennend Interessante der bisherigen Geschichte ist einzig der Kampf zwischen Gott und Teufel, zwischen Bombe und Vernunft.

Woraus ich folgere: wenn dem altmodischen und auf »Gott« ausgerichteten Menschen der losgerissene Mensch begegnet, mit der Waffe in der Hand, sei es die primitive Waffe als Instrument des Tötens oder die der Lüge, der Verdrehung, der Propaganda, dann ist es für den Fortbestand eines göttlichen Sinnes in der Welt wertvoller und richtiger, wenn der Losgerissene den wehrlosen Bruder totschlägt, als wenn er ihn dazu bringt, auch seinerseits sich loszureißen und das Stückchen Welt, für das er allein verantwortlich ist, nämlich sich selbst, zu verraten.

47. An P. Barden

September 1952

Lieber Herr Barden!
Die Fähigkeit, Symbole für die Geheimnisse des Lebens zu finden, war vor mehr als 2000 Jahren auf ihrer Höhe und ist seither (seit Indien, China und Griechenland bis Sokrates) immer mehr geschwunden. Das chinesische Yin und Yang war zehnmal mehr als unser männlich und weiblich.

48. An Elisabeth Vogel

Januar [1953]

Danke für Ihren Brief. Und lassen Sie sich in Ihrem Erlebnis nicht beirren. Wir dürfen den Philistern das Recht, in unser Leben einzugreifen, nicht zugestehen. Mir ist es mein Leben lang so gegangen, und noch heute werde ich jeden Augenblick von den Gleichgeschalteten und dogmatisch Festgelegten mit Haß und Ohrfeigen beehrt, bald mehr salbungsvoll, bald mehr bestialisch-gemein, bald von katholischer, bald von protestantischer, bald von kommunistischer oder anderer Seite. Man kanns nicht ändern, aber man darf den Minderwertigen nicht Recht geben. Herzlich wünscht Gutes

49. An Rudolf Alexander Schröder

[Januar 1953]

Lieber R. A. Schröder!

Sie haben mir damals bei unsrer einzigen persönlichen Begegnung[1] über das Altwerden und Altsein das schönste und überraschendste Wort gesagt, das ich je über dies Thema gehört habe, ein Lob des Alters, das über Ciceros Cato den Älteren noch hinausgeht. Ihres Wortes von damals denkend und des Blickes und der Miene, mit der Sie es begleiteten und verstärkten, darf ich dessen gewiß sein, daß Sie Ihr Jubiläum geziemend begehen werden, nämlich festlich und dankbar.

Das schönste Geschenk, das Liebe und Verehrung irgend ausdenken konnte, ist Ihnen ja auch zuteil geworden: die köstliche Gesamtausgabe in fünf Bänden, mit denen Sie unser treuer Peter Suhrkamp beschenkt und mit der er uns Freunde beglückt hat.[2] Diese fünf gewichtigen Bände, die Ihnen ja auch in Ihrer Eigenschaft als Kenner und Förderer des schönen Buches eine Freude und Erfüllung bedeuten werden, enthalten ein Lebenswerk von großartiger Einheitlichkeit. Kein anderer lebender Dichter, glaube ich, hat sein Selbstbildnis auf einen so soliden, von den vielen Zeitkrankheiten so unangegriffen gebliebenen Grund gemalt, von keinem sind die beiden heiligen Erbgüter des abendländischen Geistes, das antike und das christliche, so treu und standhaft einer ungläubigen Epoche zum Trotz bewahrt und neu belebt und in tätigen Besitz genommen worden: nicht auf eine lateinische, katholische und international-weltläufige, sondern auf eine durchaus deutsche und protestantische Art.

Und zu alle dem paßt denn auch genau die Art, in der das Saeculum auf dieses edle Lebenswerk geantwortet hat. Sie hat die kräftige Kost nicht zu schlucken vermocht, hat sie nicht auf die weltübliche Weise mit den Mitteln billiger, superlativischer

Anerkennung und eines rein quantitativen Ruhmes zu entkräften und zu verdauen versucht, sondern hat sie liegen gelassen. In den fünf Bänden liegt sie denn vorerst und ist der Gefahr des Verderbens und Zerfallens weit weniger ausgesetzt als viele Dutzend Welterfolge.

Herzlich wünsche ich Ihrem Leben weiterhin das, was Sie bei unserem damaligen Gespräch ihm so innig nachgerühmt haben: es möge mit dem steigenden Alter »immer noch schöner« werden.

50. An Maurice Colleville

[Frühjahr] 1953

Was jenes kurze Wort über Angelus Silesius betrifft[1], das Sie anführen[2], so kann ich bedauern, wenn ich damit Ihnen oder irgend jemanden Ärgernis gegeben habe. Ob es nicht besser gewesen wäre, wenn ich jenes Wort über seinen Abstieg vom einsamen Eingeweihten zum Autor von Streit- und Schmähschriften nicht geschrieben oder nie publiziert hätte, weiß ich nicht. Aber darüber, daß dieser Weg vom begnadeten Seher zum militanten Kirchenmann nicht eine Entwicklung sondern ein Abstieg war, denke ich auch heute nicht anders. Nicht die Konversion ist es, die ich an ihm bedaure, nicht die Flucht von einer Konfession in die andere, sondern daß er, der Gott nahe war und die Stille und Höhe über allen Konfessionen erreicht hatte, zum Streiter und Zänker werden konnte.

Nun, es ist nicht wichtig. Ich wollte nicht mich rechtfertigen, sondern Ihnen Dank sagen. Ich kämpfe mich sehr mühsam durch die Beschwerden, die der Frühling verdoppelt.

Seien Sie mit guten Wünschen für Leben und Arbeit gegrüßt von Ihrem

51. An Erik Hornung

[Mai 1954]

Der jüngere Bruder hat dem ältern[1] Freude gemacht, er hat ihm die Einheit der Gegensätze und Harmonie der Widersprüche bestätigt. Es zeigt sich nämlich, daß der jüngere Bruder manches weiß, was dem ältern entgangen war oder was er doch, wenn einst gewußt, wieder vergessen hat. Während der Ältere eben darin, im Vergessen, und im Nichtbedauern des Vergessenhabens, wieder dem Jungen einen Schritt voraus sein mag. Wie Yin und Yang das Gewebe des Lebens bestimmen, so bestimmt der Wechsel von Nehmen und Geben das Verhältnis zwischen Lehrer und Schüler, zwischen dem scheinbar Weisen und dem scheinbar noch Törichten. Es gibt einer dem andern, es nimmt einer vom andern. Das führt zum Wissen und führt zum Vergessenkönnen des Wissens. Fördernd ist Heiterkeit.

52. An Theodor Heuss

Pfingsten [6. 6.] 1954

Lieber und verehrter Herr Dr. Heuss!

Haben Sie Dank für Ihren Brief vom 3. Juni mit den beiden Beilagen, der Denkschrift über den Pour le Mérite und Ihrem Aufsatz »Ein Areopag des Geistes« aus dem Jahr 1942.

Ihre Einladung, den Orden[1] anzunehmen, brachte mich in Verlegenheit, doch habe ich mich entschieden und nehme Ihre so freundliche wie ehrende Einladung mit Dank an.

Wie ich zu diesem Ja zu Ihrer Einladung gelangt bin, das meiner instinktiven Reaktion nicht entspricht, muß ich Ihnen kurz erzählen.

Grade an dem Tag, an dem ich nachmittags Ihr Schreiben erhielt, war am Morgen ein sehr lieber Gast abgereist, mein

»japanischer« Vetter W. Gundert. Ich hatte ihn, den ich seit 24 Jahren nicht mehr gesehen hatte, eingeladen, um noch einmal im Leben mit einem mir von Knabenzeiten her befreundeten Verwandten und mir durch meine alte Liebe zum Ostasiatischen besonders verbundenen Kameraden ein wenig zusammenzusein. Die paar Tage seines Hierseins waren teils durch Austausch von Erinnerungen, teils durch Gespräche über östliche Dichtung und Weisheit ausgefüllt.

Als nun Ihre Anfrage wegen des Ordens kam, war ich noch ganz angefüllt mit Zen-buddhistischer Geringschätzung der Welt und ihrer Güter und Ehren, und wäre der Brief nicht von Ihnen persönlich gewesen, so hätte ich ihn sofort mit einem höflichen Nein beantwortet. So aber war ich Ihnen und mir eine wirkliche Prüfung der Frage schuldig, die für mich etwa so lautete: »Ist es dümmer und eitler, solch eine Ehrung anzunehmen oder sie von der Höhe esoterischer Weisheit herab abzulehnen?«.

Die Frage blieb unentschieden. Nach den Zen-Meistern war zwischen der Eitelkeit des in eine Hierarchie Eintretenden und der Eitelkeit des Frondeurs kein Unterschied. So griff ich zum chinesischen Orakelbuch, I Ging, und befragte es. Das Urteil, das ich im Zeichen TAI bekam, war eindeutig und übrigens für Sie, lieber Herr Dr. Heuss, sehr schmeichelhaft. Es heißt darin unter andrem: »Himmel und Erde vereinigen sich. So teilt und vollendet der Herrscher den Lauf von Himmel und Erde, verwaltet und ordnet die Gaben von Himmel und Erde und steht so dem Volk bei«.

Ich habe das Urteil des I Ging und damit auch Ihre Einladung angenommen.

Meine Frau grüßt mit mir. Es wird Ihrer in unsrem Hause recht oft gedacht.

53. An Hans Bayer

[Juli 1955]

Lieber Herr Bayer!

[...] zum Tod habe ich das gleiche Verhältnis wie früher, ich hasse ihn nicht und ich fürchte ihn nicht. Wenn ich einmal untersuchen wollte, mit wem und mit was ich nächst meiner Frau und meinen Söhnen am meisten und am liebsten Umgang habe, so würde sich zeigen, daß es lauter Tote sind, Tote aller Jahrhunderte, Musiker, Dichter, Maler. Ihr Wesen, verdichtet in ihren Werken, lebt fort und ist mir viel gegenwärtiger und realer als die meisten Zeitgenossen. Und ebenso ist es mit den Toten, die ich im Leben gekannt, geliebt und »verloren« habe, meinen Eltern und Geschwistern, meinen Jugendfreunden – sie gehören zu mir und zu meinem Leben heute ebenso wie einst, als sie noch lebten, ich denke an sie, träume von ihnen und rechne sie mit zu meinem täglichen Leben.

Dies Verhältnis zum Tod ist also kein Wahn und keine hübsche Phantasie, sondern ist real und gehört zu meinem Leben. Ich kenne wohl die Trauer über die Vergänglichkeit, die kann ich mit jeder welkenden Blume empfinden. Aber es ist eine Trauer ohne Verzweiflung. Mehr weiß ich dazu nicht zu sagen.

54. An R. Koltz

[28. 8. 1955]

Sehr geehrte Frau Doktor!

Danke für Ihren Brief. Es tut mir leid, daß Josef Knecht Sie so sehr enttäuscht hat.

Was die »Lebensläufe« Knechts betrifft, so mögen Sie recht haben mit der Bemerkung, daß ein junger Schüler Kastaliens ohne praktische Lebenserfahrung sie nicht hätte schreiben können. In der Tat hat ja nicht Knecht sie geschrieben, sondern der schon etwa sechzigjährige Hesse.

Sie tadeln, daß ich nicht beim Schreiben dieser Stücke bei jeder Zeile sorgfältig daran gedacht habe, daß sie ja von einem unerfahrenen jungen Schüler geschrieben sein sollen. Dieser Fehler ist, wie alle ähnlichen Reklamationen der Leser, nicht wiedergutzumachen.

Anders ist es, wenn Sie Knecht einen Steppenwolf nennen. Er ist dessen Gegenteil. Der Steppenwolf flieht vor dem Verzweiflungstod durchs Rasiermesser ins naive sinnliche Leben. Knecht aber, der Gereifte, verläßt heiter und tapfer eine Welt, die ihm keine Entwicklungsmöglichkeiten mehr läßt, und folgt dem Ruf der andern Welt, ohne sich dabei zu schonen. Ich finde an seinem Opfertod nichts zu korrigieren.

Aber ich muß aufhören, das Leben ist zu kurz für solche Gespräche. Ich werde bei Ihnen stets den kürzern ziehen, denn es ist nach meiner Erfahrung weit leichter, eine Dichtung kritisch zu analysieren als sie zu schreiben.

55. An Peter Suhrkamp

im März 1956

Lieber Freund Peter

Dein 65. Geburtstag kommt, er wird dir kaum viel Freude bringen, doch hoffe ich, daß wenigstens die gemeinsame Gabe deiner Mitarbeiter dich freundlich ansprechen werde.[1]

Wir sind ja beide in ähnlicher Lage, nur daß es bei dir die Krankheit, bei mir mehr das Alter ist, was uns den Tod nahe rückt und in den Funktionen des Lebens immer mehr hindert und einengt. In den oft sehr häßlichen Nachtstunden denke ich häufig an dich und jene andern Freunde, denen es ebenso ergeht, und noch häufiger denke ich an Jene, die uns schon

vorausgegangen und entschwunden sind. Man wäre manchmal sehr gern einer von ihnen. Doch wundere ich mich oft über
die große Zähigkeit, mit der unsre Natur am Leben hängt. Füg-
sam, wenn auch keineswegs gerne, gewöhnt man sich an Zu-
stände, die einem noch vorgestern völlig unerträglich erschienen
wären.

Laß uns auf dieser Wegstrecke gute Freunde bleiben, ich
hoffe, wir sehen uns noch einigemale und geben einander die
Hände.

Herzlich dein

56. An Ingeborg Hartung

[Mai/Juni 1956]

Liebe Frau Hartung!
Danke für Ihren Brief. Was »die Menschheit« betrifft, so halten
Sie mich für optimistischer als ich bin. Ich habe mich für sie nie
stark interessieren können. Der Mensch als Masse ist mir fremd
und höchst fragwürdig. Und was aus dieser Masse seit den Zeiten meiner Jugend, wo sie noch durch starke Bindungen und
Hemmungen beherrscht war – was aus der Masse werden kann,
haben wir ja seit 1914 gesehen. Nein, was ich am Menschen
liebe, sind die Möglichkeiten des Einzelnen. Der Gedanke, es
könnte übermorgen keine Menschheit mehr geben, hat für
mich nichts Schreckendes. Wohl aber wäre es mir ein tiefer
Schmerz zu wissen, daß es künftig keinen Goethe, keinen Mö-
rike, keinen Tolstoi oder Tschechow, keinen Renoir oder Cézan-
ne mehr geben werde, und keine mehr von jenen Menschen, die
der Freude und Schwermut über Beethoven, Bach oder Hölderlin fähig sind.

[Januar 1957]

Lieber Herr Professor Stoll!
Zu den Wunderlichkeiten und Torheiten des hohen Alters gehört auch diese: daß ein Achtzigjähriger zwar ohne viel Aufhebens Jahr um Jahr und Jahrzehnt um Jahrzehnt sich auf den Buckel laden läßt, es aber bei seinen jüngeren Freunden nicht gerne sieht, wenn auch sie älter und älter werden, zu Großvätern und Ehrendoktoren, zu Patriarchen herangedeihen, immer näher ihm an die Seite rücken und den Abstand zwischen ihm und ihnen immer merklicher bagatellisieren. So hat einst Thomas Mann, mir an Alter um zwei Jahre voraus, mir in einem Geburtstagsglückwunsch leise gedroht: ich möchte es mir ja nicht herausnehmen, etwa vor ihm sterben zu wollen. Er sprach damit aus, was ich selber jüngeren Freunden gegenüber des öftern empfunden hatte.

Vom Sterben nun wollen wir zwar beim heutigen Anlaß nicht reden, ich will zu Ihrem Fest nur den Wunsch aussprechen: Sie möchten, solange ich noch das Vergnügen habe, Ihr älterer Freund zu sein, die zehn Jahre Ihres Jüngerseins nicht verleugnen und bagatellisieren, sondern von Ihrem Recht, auch Ihrerseits die Stufe der Aktivität und Schaffensfreude zu verlassen und die stillere der Passivität, der Altersweisheiten und Alterstorheiten zu betreten, niemals Gebrauch machen.

Bei einer so festlichen und seltenen Gelegenheit ist wohl auch die Andeutung einer Liebeserklärung erlaubt. Sie, verehrter Freund, gehören einem Menschentypus an, den ich immer besonders gern gehabt habe. Gelehrte mit humanistischer Bildung und Gesinnung und mit echter, aktiver Liebe zur Kunst habe ich im Leben manchmal angetroffen und einige Male zu Freunden gehabt. Es waren unter ihnen die Vertreter der Geisteswissenschaften in der Mehrzahl, also Philologen, Theologen,

Philosophen und Historiker. Doch fand ich auch unter Ihren Kollegen vom naturwissenschaftlich-mathematischen Gebiet einige Männer von hohem Rang, die sich im Reich der Kunst und Dichtung nicht wie verlegene Fremdlinge, sondern wie Zugehörige und Eingeborene bewegten; ich denke zum Beispiel an Spiro, den Erfinder des Pyramidons[1], den ich in der Kenntnis Goethes mir überlegen fand, oder an Robert Schmidt von den I. G. Farben, den temperamentvollen Elsässer, oder an den großen Mathematiker H. Weyl, der mir meine eigenen Gedichte beinahe lückenlos aus dem Gedächtnis vorzusagen wußte.

Daß Sie, lieber Jubilar, über Ihrer großen Lebensleistung auf dem Gebiet der Chemie die Musik, die Malerei, die Dichtung nicht vergessen und vernachlässigt, sondern ihnen Ihre Liebe bewahrt haben, mag den Nur-Chemikern wenig bedeuten. Uns Künstlern bedeutet es viel.

58. An Gerd Gattwinkel

Ende Oktober 1957

Sehr geschätzter Herr Gattwinkel!

Haben Sie Dank für Ihre schöne und interessante Gabe![1] Wäre ich ein paar Jahre jünger, und wäre ich nicht immer recht überbürdet, so hätte ich gern Ihre Bitte erfüllt und Ihnen einen Brief über den Eindruck geschrieben, den die Lektüre mir gemacht hat. Aber diese Behinderungen erlauben es nicht, und hinzu kommt ein gewisses Unbehagen, das man empfindet, wenn man sehr häufig sich Analysen und Deutungen der eigenen Person oder des eigenen Werks gegenübergestellt sieht. Ich denke dann zuweilen an die Verse eines großen chinesischen Zen-Meisters aus dem neunten Jahrhundert:

Als er im Wasser sein Spiegelbild sah:
Nur kein Suchen hinter andern her!
Weit, o weit entfremdest dich dir selbst.
Jetzt, da ich allein und selber geh,
Überall begegne ich dem Kerl.

Jetzt ist er kein anderer als ich,
Aber ich ein anderer als er.
So, nicht anders, ist es zu verstehn
Und bestätigt mir den Sinn der Welt.

Wenn ich Sie enttäuschen mußte, so kann ich Ihnen aber doch sagen, daß Ihre Arbeit mir ungewöhnlich und schön erscheint und Freude macht. Wenn Sie einmal dazu Gelegenheit finden, wäre es gut, sie in einer Zeitschrift erscheinen zu lassen. Mit den besten Grüßen

59. An die Zeitschrift »Blickpunkt«, Berlin

[Juli 1958]

Obwohl ich, schon der Altersschwäche wegen, nur noch sehr selten auf solche Aufforderungen reagiere, habe ich doch, der Wichtigkeit der Sache wegen, mich an die Arbeit gemacht und sende Ihnen hier meinen Beitrag:

Der primitive Mensch haßt das, wovor er sich fürchtet, und in manchen Schichten seiner Seele ist auch der zivilisierte und gebildete Mensch ein Primitiver. So beruht auch der Haß von Völkern und Rassen gegen andere Völker und Rassen nicht auf Überlegenheit und Stärke, sondern auf Unsicherheit und Schwäche. Der Haß gegen die Juden ist ein verkleidetes Minderwertigkeitsgefühl: dem sehr alten und sehr intelligenten Volk der Juden gegenüber empfinden die weniger klugen Schichten einer andern Rasse Konkurrenzneid und beschämende Unterlegenheit, und je lauter und heftiger dies üble Gefühl sich als Herrentum aufspielt, desto gewisser steckt Furcht und Schwäche dahinter. Ein wirklich Überlegener, ein wirklicher Herr wird den, dem er sich überlegen weiß, bemitleiden, vielleicht gelegentlich auch verachten niemals aber hassen.

Wir alten Leute haben die Zeit noch erlebt, da man in Deutschland den Judenverfolgungen in Rußland und andern Ländern nur mit Schauder und Entsetzen las und sprach. Ob man nun die Juden liebte und zu schätzen wußte oder nicht, man empfand diese Pogrome als barbarisch und menschenunwürdig. Doch reichte freilich die Verstandes- und Herzensbildung nur selten so weit, daß man den Antisemitismus auch im eigenen Volk und Staat erkannte und verurteilte[1], wo er sich vorläufig nicht in Schlächtereien, sondern nur in Rechtsbeschränkungen und in einem Vokabular von Spott- und Schimpfnamen für die andere Rasse äußerte.

Die scheinbar kleine Unterlassungssünde hat sich entsetzlich gerächt. Dasselbe deutsche Volk, das einst die Pogrome in andern Ländern mit Schaudern verdammte, hat ein paar Jahrzehnte später alle diese Scheußlichkeiten so überboten, daß seither in vielen Ländern der Erde das deutsche Wesen für viel gefährlicher und schändlicher gilt als jemals das der Juden oder der Hunnen.

Gewiß, dies Urteil ist nicht das der Gescheitesten und Fortgeschrittensten, es ist ein Urteil des aus Furcht geborenen Hasses, wie es einst der Judenhaß der Hitlerleute war. Aber es existiert, dies Urteil, es ist eine Tatsache, und wohin solche Haßgefühle führen können, wenn sie nur etwas geheizt und organisiert werden, das haben ja die deutschen Konzentrations- und Vernichtungslager der Welt vor Augen geführt.

Zu den Aufgaben der deutschen Jugend gehört es nun, diesem Deutschenhaß durch eine vernünftige und würdige Haltung zu begegnen. Dazu gehört vor allem eine Einsicht in die Ursachen der Schande, die der Nationalsozialismus und vor allem dessen Judenvernichtungen über Deutschland gebracht haben, und eine immer wache Abkehr von den Charakter- und Denkfehlern jener Generation und ihrer Führer.

Wer heute in Deutschland noch oder wieder hitlerische und judenfeindliche Phrasen nachspricht und die Augen vor dem so unheimlich folgerichtigen Ablauf der deutschen Geschichte zwischen 1933 und 1945 verschließt, ist ein Feind seines Vaterlandes. Und wenn einem von Euch Jungen das, was jeder weiß, noch nicht genügt, und wenn ihm ein Verführer mit jenen Lügenmärchen über jüdische Übeltaten kommt, mit denen Hitler und Himmler ihr Volk überschwemmten, dann denket daran, daß das, was Deutsche den Juden angetan haben, leider kein Lügenmärchen ist. Das Buch vom Dritten Reich und den Juden spricht eine Sprache, vor der jede Phrase verstummt.

60. An »Die Weltwoche«, Zürich auf ihre Umfrage
   »Wir und die farbigen Völker«

[Oktober 1959]

Die beiden »farbigen« Völker, von denen ich am meisten gelernt und vor denen ich den größten Respekt habe, sind die Inder und die Chinesen. Beide haben eine geistige und künstlerische Kultur geschaffen, die der unsern an Alter überlegen, an Gehalt und Schönheit gleichwertig ist.

Die hohe Blütezeit des indischen Denkens sehe ich etwa in

87

der selben Zeit wie die des europäischen, es sind die Jahrhunderte etwa zwischen Homer und Sokrates. Damals wurden über Welt und Mensch in Indien wie in Griechenland die bisher höchsten Gedanken gedacht und zu großartigen Denk- und Glaubenssystemen entwickelt, die eine wesentliche Bereicherung später nicht erfahren haben, ihrer aber auch wohl nicht bedurften, denn sie stehen heute noch in voller Lebenskraft und helfen Hunderten von Millionen Menschen das Leben bestehen. Der hohen Philosophie des alten Indien steht eine überaus vielgestaltige, an Tiefe und an Humor reiche Mythologie gegenüber, eine volkstümliche Götter- und Dämonenwelt und Kosmologie von üppigster Bildkraft, die in der Dichtung wie in der Skulptur, aber auch im Volksglauben blühend fortbesteht. Doch ist aus dieser farbig glühenden Welt auch die ehrwürdige Gestalt des großen durch Entsagung Überwindenden, des Buddha, hervorgegangen, und der Buddhismus erweist sich heute sowohl in seiner ursprünglichen wie auch in der chinesisch-japanischen Form des Zen nicht nur in seiner Heimat, sondern auch im ganzen Westen, Amerika inbegriffen, als eine Religion von höchster Moral und großer Anziehungskraft. Seit nahezu zweihundert Jahren ist das abendländische Denken häufig und kräftig vom indischen Geist beeinflußt worden; der letzte große Zeuge dafür ist Schopenhauer.

Wenn der indische Geist ein vorwiegend seelenhafter und frommer ist, so gilt das geistige Suchen der chinesischen Denker vor allem dem praktischen Leben, dem Staat und der Familie. Wessen es bedarf, um gut und erfolgreich zum Wohl aller zu regieren, das ist das oberste Anliegen der meisten chinesischen Weisen, wie es ja auch das Anliegen Hesiods und Platons war. Die Tugenden der Selbstbeherrschung, der Höflichkeit, der Geduld, des Gleichmuts werden ebenso wie in der abendländischen Stoa hoch bewertet. Es gibt aber daneben auch meta-

physische und elementare Denker, obenan Lao Tse und sein
poetischer Jünger Dschuang Tse[1], und nach dem Eindringen
der Buddha-Lehre hat China langsam eine höchst originelle,
äußerst wirksame Form der buddhistischen Zucht entwickelt,
das Zen, das ebenso wie die indische Form des Buddhismus
auch im heutigen Westen von spürbarem Einfluß ist. Daß der
chinesischen Geistigkeit eine nicht minder hoch und fein ent-
wickelte bildende Kunst zur Seite steht, ist jedem bekannt.

Die heutige Weltlage hat an der Oberfläche alles verändert
und unendlich vieles zerstört. Die Chinesen, einst das friedlich-
ste und an antimilitaristischen Bekundungen reichste Volk der
Erde, sind heute die gefürchtetste und rücksichtsloseste Nation
geworden. Sie haben das heilige Tibet, neben Indien das frömm-
ste aller Völker, barbarisch überfallen und erobert, und sie
bedrohen dauernd Indien und jedes andere Nachbarland. Wir
können das nur konstatieren. Vergleicht man etwa das politische
Frankreich oder England des 17. Jahrhunderts mit dem heutigen, so zeigt sich, daß der politische Aspekt einer Nation sich im
Lauf weniger Jahrhunderte gewaltig verändern kann, ohne daß
dies auch eine Veränderung im Kern des Volkscharakters bedeuten müßte. Wir müssen wünschen, daß auch im chinesischen
Volk über die Zeiten dieser Verstörung hinweg sich viele seiner
wunderbaren Charakterzüge und Begabungen erhalten.

61. An Wolfgang Larese

Sils Maria, 19. 8. 1961

Sehr geehrter Herr Larese!
Auf dem Weg vom Jünglings- zum Mannesalter sind die beiden
Hauptstufen: Das Innewerden und Bewußtmachen des eigenen
Ich, und dann die Einordnung dieses Ich in die Gemeinschaft.
Je einfacher und problemloser ein Jüngling ist, desto weniger

Beschwerden werden beide Aufgaben ihm bereiten. Die stärker differenzierten und begabten Naturen haben es schwerer, am schwersten die, denen nicht ein Spezialtalent von selber den Weg zeigt. Jedes Leben aber ist ein Wagnis, und das Gleichgewicht zwischen den persönlichen Gaben und Trieben und den sozialen Forderungen muß immer neu gefunden werden; es geht nie ohne Opfer, nie ohne Fehler. Und auch wir Alten, scheinbar Arrivierten und Gefestigten, stehen nicht über den Zweifeln und Fehlern, sondern mitten darin.

62. Brief im Mai

[Mai 1962]

Nein, lieber Freund, ich will Dir weder von den Krankheiten und anderen Plagen des Winters noch von diesem stürmischen und üppigen Frühling berichten, sondern von den kleinen Erlebnissen, Freuden und Mahnungen, die auch dem müden Alter noch gegönnt sind. Je kleiner der Raum wird, in dem ich lebe (schon mein Garten ist mir längst zu groß, es können Monate vergehen, ehe ich bis zur Quelle oder bis zur Einfahrt komme), je weiter die Welt abrückt (schon Lugano, schon unser eigenes Dorf werden mir allmählich fremd), desto wichtiger und nachwirkender werden die Eindrücke, Spiele und Träume jener Stunden, in denen die Seele offensteht und alterslos auf die Rufe und Bilder antwortet, die ihr wie Schneeflocken oder wie Blätter vom Lebensbaum vorüberwehen.

In der Karwoche, Du weißt es längst, habe ich beinah in jedem Jahr meines Lebens eines der großen Oratorien gehört, einst in Kirchen oder Konzertsälen, jetzt am Radio oder von Platten. Auch diesmal konnte ich eine Aufführung der Matthäuspassion hören. Es war schön und herzbewegend und brachte wie jedesmal eine Flut von Erinnerungen heran, bis in die Knabenzeit zurück. Stärker und intensiver nachwirkend aber war diesmal ein anderes Werk der alten Kirchenmusik, das ich nie gehört und von dessen Schöpfer ich nichts gewußt hatte. Es heißt »Auferstehungshistorie«, ist im Jahr 1621 vom Braunschweiger Kantor Siegfried Otto Harnisch[1] komponiert und bringt jene so eigen und erregend zwischen Bericht und Fabel schwebende Legende vom leeren Grab Christi und von seinen Erscheinungen vor den Frauen und den Emmaus-Jüngern zur Darstellung. Wie in andern ähnlichen Werken ist die Hauptrolle die des Evangelisten, und sie ist hier streng und sachlich die des Berichters, beinahe völlig frei von Ornament, Koloratur und Lyrik. Kein Orchester, keine Orgel, nicht einmal ein Cembalo. Schöne, kurze Chöre, herrliche zwei- und vierstimmige Arien. Und nun das Unerwartete und im ersten Augenblick Beklemmende, dann wunderbar Beglückende und als richtig Empfundene: alle Worte Christi werden nicht von einem Solisten gesungen, sondern sind zwei- bis vierstimmige Gebilde zartester Lyrik, tönen geisterhaft aus unirdischen Fernen her und beschwören in ihrem Gegensatz zum beinah nüchternen Erzähler die so seltsam und unheimlich widersprüchliche, überwirkliche Stimmung dieser Historie oder Legende mit unwiderstehlicher sanfter Gewalt. Es ist, als habe dieser Kantor, indem er die Jesusworte, statt von einem Jesus, von Frauen- und Jüngerstimmen singen läßt, geradezu der heimlichen Fragwürdigkeit dieser Geschichte zum Ausdruck verholfen, als habe er das Phantom wissentlich als nur in den Seelen der Gläubigen existent darstellen wollen (was ich jedoch nicht behaupten möchte). Der Komponist, Zeitgenosse von Schütz und der großen Kirchenlieddichter, ist jung gestorben, viel mehr konnte ich mit meinen Hilfsmitteln nicht über ihn in Erfahrung bringen. Aber da war noch sein Name! Er war mir beim Lesen des Programms nicht weiter merkwürdig erschienen; erst als ich sein herrliches Werk angehört hatte, gewann auch er für mich Bedeutung. Harnisch hieß er, und ich mußte mich eine kleine Weile besinnen, ehe mir bewußt wurde, woher der Name mir teuer und wichtig war. Und jetzt sehe ich den Braunschweiger Kantor als Großvater oder eher Urgroßvater des Schultheißen Harnisch im Dorf Elterlein, dessen Söhne Walt und Vult[2] zu den geliebtesten Gestalten der deutschen Dichtung gehören.

Das erinnert mich daran, daß ich Dich auf eine sehr merkwürdige Dichtung aus unsrer Zeit aufmerksam machen wollte, die ich weder Deiner Frau noch Deinen Kindern, wohl aber Dir empfehle. Es ist ein sehr umfangreicher, sehr anspruchsvoller, sehr kühn und männlich fabulierter Roman von Wolf von Niebelschütz, heißt »Die Kinder der Finsternis« und spielt in einem irrealen, erfundenen Land, aber einer genau historischen Zeit, nämlich dem zwölften Jahrhundert. Erfundene und echt geschichtliche Personen und Taten spielen ineinander, und es wird langsam, Zelle um Zelle, eine kleine Modellwelt aufgebaut, in der und an der die europäische Geschichte jenes Jahrhunderts sich abspielt und in der weder Barbarossa noch der Herr von Dassel noch die Reihe der Päpste und Gegenpäpste gut wegkommen, noch weniger Minnesang und kokettes Ritterwesen. Erzählt wird in kurzen, harten Sätzen, äußerst konkret und dicht; die Erfindungskraft des Dichters scheint unerschöpflich, seine Lust am Fabulieren ebenso unbändig wie sein von diskretem Humor gefärbtes Ausspielen einer primitiv natürlichen, sinnlich derben, bäurischen und im Grunde heidnischen Volkswelt gegen das schön kostümierte, ins Preziöse verkleidete Barbarentum der Großen, der Machthaber, Ritter und Pfaffen. Ich hatte mir das sehr stattliche Buch zur Weihnacht gewünscht, hatte mich eine Weile nicht an die Lektüre getraut, da der schwere dicke Band schon den Händen bang machte, dann aber war das Werk manche Wochen hindurch meine Abendlektüre gewesen, von der ich, als sie zu Ende ging, nicht ohne eine gewisse Trauer Abschied nahm. Diese Dichtung hatte mir nun so lange Zeit jeden Abend bis zum Lichtlöschen Gesellschaft geleistet, hatte mich mit unzähligen Bildern beschenkt, mir über viele schlaflose Stunden weggeholfen – es schien mir unrecht, diese Wohltaten so ohne Sang und Klang hinzunehmen. Ich schrieb also dem Dichter einen kleinen Dankbrief[3]. Antwort kam aber nicht von ihm, sondern von seiner Frau, die mir mitteilte, daß er schon seit zwei Jahren nicht mehr am Leben sei.

Als Kind habe ich mehrmals von meiner Mutter, von deren Schwägerin und anderen Missionarsfrauen erzählen hören, wie sie nach ihrer ersten Landung in Bombay über das schöne Wetter und den wolkenlosen Himmel entzückt waren, wie diese sonnige Klarheit auch am nächsten Morgen und weiter Tag um Tag und Woche um Woche anhielt, wie man ihrer und der Hitze und Trockenheit müde wurde und sich nach Wolken, Dunkel, Regen sehnte. Da kam mir nun ein kleines Geschenk aus Indien zugereist, jemand in New Delhi schickte mir als Dankeszeichen für eine Gefälligkeit eine Grammophonplatte mit indischer Musik. Das Stück, das der Hindukünstler spielte, heißt Rag Surmalahar und drückt die Freude über das Nahen des Regens aus. Vermutlich hat meine Mutter vor etwa hundert Jahren dieses selbe Stück spielen hören und sich mit dem Musikanten nach langer Dürre auf den ersten Regen gefreut. Man hatte dies Geschenk für mich gewählt, weil man meine lebenslangen liebevollen Beziehungen zu Indien und ebenso Josef Knechts urzeitlichen Beruf als Regenmacher kannte. In der Tat schien denn auch dieses gewiß uralte Regenlied nicht nur die Hoffnung auf Feuchte und die Freude über die Vorzeichen der kommenden Regenzeit auszudrücken, es schien auch eine magische, regenmacherische Beschwörung zu sein. Gespielt wurde es auf jene Weise, die den Reiz und Zauber aller primitiven Volksmusik ausmacht, kindlich fromm nämlich und mit naiver Hingabe, dabei aber höchst genau und differenziert, mit virtuoser Technik. Über das Instrument, auf dem es geblasen wurde, war ich nicht recht im klaren. Ich neigte anfangs dazu, es für eine Nasenflöte zu halten, mußte aber beim zweiten Anhören unserm Gast, der Herrin des Hügels, rechtgeben, die es als eine Art Dudelsack erkannte. Es war zweistimmig und sehr in die Oktave verliebt. Der Klang war beim Anschwellen und Forte stark näselnd wie so viele Musik des Fernen Ostens, ich hatte malaiische und japanische Lieder so durch die Nase gesungen gehört; in den hohen Lagen aber und im Piano verlor der Klang diese Färbung und wurde zum zartesten Flöten- oder Fistelton. Das Stück begann mit der Anrufung des kommenden Regens durch das Blasinstrument allein, einem rein lyrischen Singsang. Aber es blieb nicht dabei, es wurde der ersehnte Regen nicht nur begrüßt und gepriesen, er wurde bald auch beschworen und herangezaubert, und zwar durch lockende Nachahmung. So wie einst der Regenmacher durch Grünholzfeuer mit schwelendem Rauch den Himmel zur Bildung von Wolken angeregt und überredet hatte, so begann jetzt die Hindumusik dem Himmel zu zeigen, was Regen ist: leise erst und tröpfelnd setzte eine Trommel ein, eine Holz- oder Rindentrommel vermutlich, ahmte gefühlig das zarte Klopfen anhebenden Regens nach und begleitete von da an bis zum Schluß, angenehm abgestimmt, den auf und ab schwellenden Gesang des Dudelsacks. Und während ich aufmerksam und erfreut zuhörte, lief irgendwo in mir innen ein Band mit Bildern ab, meist lang vergessenen, von Flöte und Trommel wieder geweckten und belebten Bildern: meine Mutter an ihrem Nähtischchen sitzend und uns Kindern von Indien erzählend, mein Großvater, bärtig und stark, im

94

weißen Tropenkleid, im Ochsenwagen wochenlange Reisen durch indische Länder bestehend, mein Vater, krank auf der Veranda eines Bungalows liegend, mit dem kleinkarierten, großen schottischen Shawl bedeckt, den ich später erbte, kanaresische Vokabeln memorierend oder Notizen in Gabelsberger Stenographie in sein Merkbuch schreibend. Und weiter Bild an Bild, bis zu denen meiner eigenen Indienreise, mit badenden Elefanten, Höhlentempeln und gewaltigen Nachtgewittern.

Du weißt, daß ich auch das Träumen unter Umständen zu den Dingen zähle, die ich Erlebnisse nenne. Ohne daß ich mit Freud und Jung gebrochen hätte, bin ich doch – Ausnahmen zugegeben – des Verstehen- und Deutenwollens müde geworden und zu der naiven und kindlichen Weise zurückgekehrt, mit der die Künstler die Welt und also auch die Traumwelt betrachten, als Erscheinung, als Bild, als Augen- und Sinnenerlebnis oder dann als groteskes Gedankenspiel. Ob ein Traum mich auf Trübungen meines Verhältnisses zu Freunden, auf Störungen in meinem seelischen Haushalt, auf baldigen Tod oder andre drohende Gefahren aufmerksam machen wolle, lasse ich gern ununtersucht; er muß schon stark anklopfen, wenn ich mich darauf einlassen soll. Aber wenn er mich zum Staunen über die Buntheit und Pracht seiner Kulissen und Kostüme, zum Entzücken über ideale Landschaften und Phantasiegärten, zur frohen Rührung über die Wiederkehr geliebter, lang verstorbener Menschen, zum Lachen über ein ausgelassenes Spielen mit gedanklichen, sprachlichen oder visuellen Kombinationen und Verrenkungen bringt, dann gehört ihm meine Aufmerksamkeit, meine Hingabe und Dankbarkeit.

Zwei kleine aparte Traumbruchstücke aus den letzten Tagen (nein, Nächten) will ich Dir ihrer Kuriosität wegen mitteilen. Ich bin etwa zwanzigjährig und Buchhändler in Tübingen. Es ist, glaube ich, das erstemal, daß ich im Traum mit meinem damaligen Prinzipal, dem Herrn Sonnewald, zu tun habe. Er war ein noch junger, etwas lungenkranker, ein wenig ängstlich oder schüchtern wirkender Mann mit hellblondem Vollbart, verheiratet mit einer Engländerin, die während der dreieinhalb Jahre meiner dortigen Tätigkeit nicht ein einziges Mal unsre Räume im Erdgeschoß, den Buchladen, das Kontor und das Antiquariat, betreten hat, sondern unsichtbar mit drei hübschen kleinen Kindern eine Treppe höher in Räumen wohnte, die uns Unteren ebenso unbekannt und unbetretbar blieben wie ihr das Kontor. Im Traum nun war ich wieder der junge Untergebene und er der nicht gerade gefürchtete, aber doch in hohem Respekt stehende Herr Prinzipal, Herr sowohl unten im Laden wie oben in der Wohnung. Im Traum aber hatte er überdies ein privates Büro für sich allein, vor dessen Tür ich stand und anklopfte. Ich trat ein und sah ihn in einem erstaunlich großen, höchst komfortabel ausgestatteten Raume sitzen. Er hieß mich näher treten, er saß hinter einem riesigen Tisch, der voll großer Blätter lag, neben sich hatte er eine Staffelei stehen und auf ihr eines dieser Blätter aufgestellt, es war ein Aquarell, ein wenig an die meinen erinnernd, aber weit größern Formats, auch gekonnter und mit tief glühenden Farben. Ich stand und staunte bald das große Aquarell, bald den auf so ungewöhnliche Art beschäftigten Herrn Sonnewald an. Er schien zu merken, wie erstaunt und neugierig ich war, wußte auch sehr wohl, daß es mir nicht zustand, dieser Neugierde mit einer Frage Ausdruck zu geben, und verharrte eine gute Weile schweigend. Dann erbarmte er sich meiner, wies mit großer Gebärde erst auf den papierbedeckten Tisch, dann auf das schöne leuchtende Staffeleiblatt und sagte mit einiger Feierlichkeit: »Ich muß da ein Inselbändchen zusammenstellen.« Ob es hier um eine Auswahl meiner eigenen, durch Zauber verschönerten Malereien, ob um Werke eines mir unbekannten Malers ging oder gar er selbst der Urheber dieser

Werke war und wie er dazu kam, im Auftrag des Inselverlags tätig zu sein, diese Fragen blieben offen.

Die andere Traumszene spielte in einem völlig veränderten Montagnola. Überraschend war hoher Besuch erschienen: André Gide stand da, wollte mich noch einmal sehen, war aber wortkarg und schlechter Laune und zog sich bald ins Gastzimmer zurück. Als er sich wieder zeigte, trat er mit mir vor die Haustür, vermutlich zu einem Spaziergang entschlossen, blieb aber dicht vor dem Haus stehen, zögerte wie im Nachdenken versunken und vollführte dann eine tiefe Kniebeuge. Aus dieser ohnehin schon mühsamen Stellung streckte er ein Bein nach vorn in die Luft, etwa wie slawische Tänze es verlangen, nur viel langsamer und feierlicher, es war ein unverkennbar religiöser, sakraler Akt, dessen Bedeutung ich nicht erraten konnte. Als er sich wieder aufgerichtet hatte, gab er mir eine Erklärung mit den Worten: »Alles ist. Alles ist nicht. Es ist indisch.« »Ah«, sagte ich, »also die coincidentia oppositorum.« Er starrte mich verloren an, offensichtlich überlegend, ob er mir zustimmen solle oder nicht, sagte aber nichts. Und plötzlich stand noch ein dritter Mann bei uns, ein sehr französisch aussehender Herr, brünett mit Schnurrbart, und alsbald war ich für Gide nicht mehr vorhanden, er begann mit seinem Landsmann zu plaudern und ging in lebhaftem Gespräch mit ihm fort. So ließ er mich stehen, ohne Erklärung, ohne Abschied, dem Pariser zu liebe. Es war nicht hübsch.

Lebe wohl, Du hast lang genug mit meinen Histörchen Geduld gehabt. Schreibe wieder Deinem

Wie jede Blüte welkt und jede Jugend
Dem Alter weicht, blüht jede Lebensstufe,
Blüht jede Weisheit auch und jede Tugend
Zu ihrer Zeit und darf nicht ewig dauern.
Es muß das Herz bei jedem Lebensrufe
Bereit zum Abschied sein und Neubeginne,
Um sich in Tapferkeit und ohne Trauern
In andre, neue Bindungen zu geben.
Und jedem Anfang wohnt ein Zauber inne,
Der uns beschützt und der uns hilft, zu leben.

Wir sollen heiter Raum um Raum durchschreiten,
An keinem wie an einer Heimat hängen,
Der Weltgeist will nicht fesseln uns und engen,
Er will uns Stuf' um Stufe heben, weiten.
Kaum sind wir heimisch einem Lebenskreise
Und traulich eingewohnt, so droht Erschlaffen,
Nur wer bereit zu Aufbruch ist und Reise,
Mag lähmender Gewöhnung sich entraffen.

Es wird vielleicht auch noch die Todesstunde
Uns neuen Räumen jung entgegen senden,
Des Lebens Ruf an uns wird niemals enden ...
Wohlan denn, Herz, nimm Abschied und gesunde!

Anhang

Anmerkungen und Nachweise

Die Brieftexte, mit Ausnahme der in den Anmerkungen gesondert nachgewiesenen Briefe, folgen der Ausgabe: Hermann Hesse, Gesammelte Briefe. In Zusammenarbeit mit Heiner Hesse hg. v. Ursula und Volker Michels, 4 Bände, Frankfurt am Main: Suhrkamp 1990; die Gedichttexte der Ausgabe: Hermann Hesse, Die Gedichte, Suhrkamp Verlag 1998 – © Suhrkamp Verlag 1973-1986; 1977.

2. 1 Johannes Hesse, »Frühlingswehen in der Völkerwelt«, Missionsgeschichten. Verlag der Verlagsbuchhandlung Calw, Calw und Stuttgart, 1908.

2 Johannes Hesse, »Die Heiden und wir«, 220 Geschichten und Beispiele aus der Heidenmission (1901/1906), ebenda.

5. 1 Vermutlich: Martin Buber, »Die jüdische Bewegung«, Gesammelte Aufsätze und Ansprachen 1900-1914, Jüdischer Verlag, Berlin 1916.

2 Martin Buber, »Drei Reden über das Judentum«, Rütten & Loening, Frankfurt/Main, 1911.

7. 1 Freud hatte sich für Hesses, am 16. 7. 1918 in der »Frankfurter Zeitung« publizierten Aufsatz »Künstler und Psychoanalyse« und für Hesses Schaffen, dem er »seit dem ›Peter Camenzind‹ mit Genuss gefolgt« sei, bedankt.

10. 1 Der erste Teil des »Siddhartha« erschien im Juli 1920 in der »Neuen Rundschau«.

2 Emmy Hennings, »Das Brandmal«. Ein Tagebuch, Reiss, Berlin, 1920. »Philister aller Stände lest dieses Buch und schämt euch!« schrieb Hesse in seiner Rezension des Buches.

13. 1 H. Hesse »Wanderung«. Aufzeichnungen mit farbigen Aquarellen und Zeichnungen, S. Fischer, Berlin 1920, Neuausgabe Suhrkamp, Frankfurt am Main 1975.

2 Mit einem befreundeten Theologiestudenten stritt sich der Briefempfänger über das nachfolgende Hesse-Zitat.

3 Am 23. 1. 1922 las Hesse in der Tonhalle Zürich u. a. aus seiner Erzählung »Klingsors letzter Sommer« Klingsors Äußerung vor:

»Ob du ein Weib umarmst oder ein Gedicht machst, ist dasselbe. Wenn nur die Hauptsache da ist, die Liebe, das Brennen, das Ergriffensein, dann ist es einerlei, ob du Mönch auf dem Berge Athos bist oder Lebemann in Paris.«

14. 1 Sundar Singh (*1889, seit 1929 verschollen) indischer Evangelist.

18. 1 Brief an Mia Engel.

19. Aus: Hermann Hesse, Ausgewählte Briefe. Erweiterte Ausgabe, zusammengestellt von Hermann Hesse und Ninon Hesse, Frankfurt am Main: Suhrkamp 1974 (suhrkamp taschenbuch 211).

23. Aus: H. H., Ausgewählte Briefe.

24. 1 Jeanne d'Arc, die »Jungfrau von Orleans«.
    2 Martin Buber, »Königtum Gottes«, 1932.

27. 1 Theodor Haecker, »Was ist der Mensch?«, bei Jakob Hegner, Hellerau 1933. Hesse hat das Buch 1934 im Aprilheft der Zeitschrift »Die Neue Rundschau« rezensiert.

29. 1 Vom Dezember 1918 bis Januar 1919, nach der Einlieferung seiner Frau Mia in die Nervenheilanstalt Küsnacht, hatte Hesse seine Söhne Heiner und Bruno zu einem befreundeten Pfarrer in Langnau/Emmental in Pflege gegeben.
    2 Bei Ascona, wo Mia Hesse seit 1920 lebte.
    3 Die befreundete Teppichweberin Maria Geroe.
    4 Das Gedicht »Nach dem Lesen in der Summa Contra Gentiles«.

30. 1 Das im Juli 1936 und im Oktoberheft der »Neuen Rundschau« vorabgedruckte Gedicht »Ein Traum«.

32. 1 H. Hesse, »Aus der Kindheit des Heiligen Franz von Assisi«, Eggebrecht-Presse, Mainz 1938. Bibliophiler Sonderdruck in 2000 Exemplaren.
    2 Martin Niemöller (1892-1984), ev. Theologe, kam 1937 in das KZ Sachsenhausen, 1941 nach Dachau.

36. 1 Ninon Hesse hatte sich bei Humms sein Theseus-Puppenspiel angesehen.
    2 Gustav Schwab (1792-1850), erzählte die »Schönsten Sagen des klassischen Altertums« nach (3 Bde. 1838-1940).

3 Friedrich Rückert (1788-1866), Orientalist, Dichter und Übersetzer. »Die Weisheit des Brahmanen« (6 Bde., 1836-1839): frei geschaffene Sprüche, Fabeln und Erzählungen.

40. 1 Vermutlich die Gedichte »Späte Prüfung« und »Aufhorchen«.

42. 1 In Lausanne vom 16. bis 24. 5. 1947. Während der Behandlung am 21. 5. hatte Hesse aus der Klinik an Georg Reinhart geschrieben: »Ich mußte mich, nicht aus eigenem Antrieb oder Neugierde, sondern zur Beruhigung meiner Frau und aus Höflichkeit gegen die Wissenschaft, dazu entschließen, nochmals eine Reihe von Untersuchungen und Experimenten an mir vornehmen zu lassen, weil mich die Füße und Hände sehr im Stich ließen und weil es für die Diagnose und Behandlung dieser Polyarthritis wieder einige neue Theorien gibt... Die Klinik an sich ist mir, dem Antipoden aller technischen Kultur, recht zuwider, aber die Leute hier sind fast ohne Ausnahme sehr artig, lieb und charmant.«

44. 1 Siegfried Unseld, H. H. Das Glasperlenspiel. Eine Besprechung. In: »Studentische Blätter«, Tübingen, vom Dezember 1948.

    2 »Das Glasperlenspiel«.

45. Vgl. die etwas ausführlichere und grundsätzlichere Version dieses Schreibens in »Ausgewählte Briefe«, S. 258 ff.

46. Dieser Brief wurde in der »Neuen Zürcher Zeitung« vom 23. 6. 1951 mit folgendem Kommentar der Redaktion veröffentlicht: »In der Besprechung der Briefe von Hermann Hesse (vgl. ›NZZ‹ Nr. 1315) ist unter anderem von jenem Brief die Rede gewesen, den der Dichter am 14. September 1950 an den Chefredaktor einer japanischen Zeitung geschrieben hat. Der tragende Gedanke dieses Schreibens ist in dem folgenden Satz ausgedrückt: ›... Und darum glaube ich nicht daran, daß eine Wiederaufrüstung Ihrem Lande Segen bringen würde... Besser ist es, Unrecht zu leiden als Unrecht tun. Falsch ist es, mit verbotenen Mitteln das erwünschte verwirklichen zu wollen...‹ Unter ›verbotenen Mitteln‹ ist dabei die Gewalttätigkeit in jeder Form, unter dem ›Erwünschten‹ ein freies, individuelles, geistmächtiges, sittlicher Ordnung verbundenes Leben verstanden. Dagegen

wurde in der Besprechung, unter dem Eindruck der gegenwärtigen geistigen und politischen Weltverhältnisse, auch die Notwendigkeit der Bereitschaft in Waffen folgendermaßen betont: ›... Das Bestehende und Aktuelle heißt für diese Zeit: das im Geist ehrfürchtige Dasein ist bedroht; und die Bedrohung ist tragisch, weil nach der Struktur des Angreifers Hilfe nur im geistfremdesten Mittel liegt: in der Waffe, im entschlossenen, bereiten Arm. Ob wir den Geist durch solche Anfechtungen mit uns selbst rein in eine lautere Zeit hinüberbringen? Das muß unsere Sorge sein...‹ Nun antwortet uns Hermann Hesse darauf in einem Brief...«

1 In der »Neuen Zürcher Zeitung« vom 16. 6. 1951.

49. Zu Rudolf Alexander Schröders 75. Geburtstag in der »Neuen Zürcher Zeitung« vom 25. 1. 1953.

1 Am 3. 5. 1950 in Montagnola.

2 R.A. Schröder, »Gesammelte Werke«, Frankfurt am Main 1952.

50. 1 Hesse schrieb 1925 in seiner Betrachtung über Angelus Silesius: als Konvertit sei er der katholischen Kirche treu geblieben, »aber er hat ihr nicht mit befreitem Herzen in Freude gedient, sondern er hat es mit gedrücktem Herzen, fanatisch und in Finsternis getan, mit dem überanstrengten Willen des Unbefriedigten, mit den krampfhaften Übertreibungen des sich verdammt Fühlenden. In dieser Verfassung schrieb der unselige Mann eine Menge von antilutherischen Streitschriften, Pamphlete voll Bosheit und auch Rohheit, die zum Glück längst vergessen sind.«

2 In einem Aufsatz Collevilles »Le problème religieux dans la vie et dans l'œuvre de Hermann Hesse« in »Etudes Germaniques« Lyon/Paris 7 und 8 1952/1953.

51. Diese Antwort mit dem Gegenbrief des Empfängers wurde u. d. T. »Yin und Yang« in der »Neuen Zürcher Zeitung« vom 2. 7. 1954 veröffentlicht.

1 Wendungen aus Hesses »Glasperlenspiel«.

52. 1 »Pour le Mérite« (Friedensabteilung, für Ausländer). »Was daran hübsch ist«, schrieb Hesse Ende Juni an seinen Vetter Wilhelm

Gundert, »ist etwa: daß Jakob Grimm und solche Leute ihn einst hatten«.

55. Aus: Hermann Hesse – Peter Suhrkamp. Briefwechsel 1945-1959, hg. v. Siegfried Unseld, Frankfurt am Main: Suhrkamp 1969.

   1 Es erschien, als gemeinsame Gabe der Autoren und Mitarbeiter des Verlags, als Privatdruck ein zweiter Band von Suhrkamps »Ausgewählten Schriften«.

57. 1 Synthetisches Mittel (Aminophenazon) gegen Fieber und Schmerzen, insbesondere Gelenkrheumatismus.

58. 1 Ein Aufsatz des Briefempfängers über »Das Glasperlenspiel«.

59. Bereits 1922 hatte Hesse in der Zeitschrift »Vivos voco« geschrieben: »Eine kleine Schrift ›Verrat am Deutschtum‹ von Wilhelm Michel gibt Anlaß, auch einmal ein Wort über eine der häßlichsten und törichtsten Formen jungdeutschen Nationalismus zu sagen, über die blödsinnige, pathologische Judenfresserei der Hakenkreuzbarden und ihrer zahlreichen, namentlich studentischen, Anhänger. Es gab früher einen Antisemitismus, er war bieder und dumm, wie solche Antibewegungen eben zu sein pflegen und schadete nicht viel. Heute gibt es eine Art von Judenfresserei unter der deutschen, übel mißgeleiteten Jugend, welche sehr viel schadet, weil sie diese Jugend hindert, die Welt zu sehen wie sie ist, und weil sie den Hang, für alle Mißverstände einen Teufel zu finden, der dran schuld sein muß, verhängnisvoll unterstützt. Man mag die Juden lieben oder nicht, sie sind Menschen, häufig unendlich viel klügere, tatkräftigere und bessere Menschen als ihre fanatischen Gegner. Man mag sie, wo man sie als schädlich empfindet, auch bekämpfen, wie man gelegentlich gegen Übel kämpft, die man als notwendig kennt, die aber dennoch je und je zu erneutem Anlauf reizen. Daß man aber eine Menschenklasse schlechthin für das Übel in der Welt und für die tausend schlimmen Sünden und Bequemlichkeiten des eigenen deutschen Volkes als Sündebock aufstellt, ist eine Entartung so schlimmer Art, daß ihr Schaden allen Schaden, der je durch Juden geschehen sein mag, zehnfach aufwiegt.«

60. Abgedruckt in »Die Weltwoche«, Zürich vom 30. 10. 1959.

1 Bereits 1912 schrieb Hesse im Berner Bund über das von Martin Buber edierte Werk »Das wahre Buch vom südlichen Blütenland« u. a.: »Tschuang-Tse ist der größte und glänzendste Poet unter den chinesischen Denkern soweit wir sie kennen, zugleich der kühnste und witzigste Angreifer des Konfuzianismus. Die Lehre des Lao-Tse freilich lernt man durch ihn wohl fühlen, aber nicht eigentlich kennen, er ist ein beweglicher und farbiger Spiegel. Er ist eine zu starke Persönlichkeit, um eigentlich zum Schüler und Apostel zu passen und manchmal macht er mit seiner Beredsamkeit einen fast dialektisch-sophistischen Eindruck. Dafür ist er ein großer Dichter, ein Meister des Gleichnisses, das wir bei Lao-Tse selbst durchaus vermissen. Er gibt oft Farben und Lichter, deren Spiel nicht ganz mehr der heiligen Lehre entspricht; aber er gibt auch oft Fleisch und Blut, wo der reine Geist des Lao-Tse uns unfaßbar wird und entgleitet. Von allen Büchern chinesischer Denker, die ich kenne, hat dieses am meisten Reiz und Klang. Doch sollte, wer es liest, immerhin mit Lao-Tse selbst nicht mehr völlig unvertraut sein.«

62. Erstdruck in »Neue Zürcher Zeitung« vom 26. 5. 1962.

1 S. O. Harnisch (1568-1623) Kantor in Braunschweig, Helmstedt, Wolfenbüttel und Göttingen war auch Kapellmeister am Hofe des Herzogs von Braunschweig und Lüneburg.

2 Erinnerung an die Lektüre von Jean Pauls Roman »Flegeljahre«.

3 Wolf von Niebelschütz war am 22. 7. 1960 in Düsseldorf gestorben.

Zeittafel

1877	geboren am 2. Juli in Calw/Württemberg als Sohn des baltischen Missionars Johannes Hesse (1847-1916) und dessen Frau Marie verw. Isenberg, geb. Gundert (1842-1902), Tochter des Indologen und Missionars Hermann Gundert.
1881-1886	wohnt Hesse mit seinen Eltern in Basel.
1886-1889	Rückkehr der Familie nach Calw (Juli), wo Hesse das Reallyzeum besucht.
1890-1891	Lateinschule in Göppingen.
1891-1892	Seminarist im ev. Klosterseminar Maulbronn (ab Sept. 1891), aus dem er nach 7 Monaten flieht, weil er »entweder Dichter oder gar nichts werden wollte«.
1892	Selbstmordversuch (Juni), Aufenthalt in der Nervenheilanstalt Stetten (Juni-August). Aufnahme in das Gymnasium von Cannstatt (Nov. 1892), wo er
1893	im Juli das Einjährig-Freiwilligen-Examen (Obersekundareife) absolviert. Im Oktober Beginn einer Buchhändlerlehre in Esslingen, die er aber schon nach drei Tagen aufgibt.
1894-1895	15 Monate als Praktikant in der Calwer Turmuhrenfabrik Perrot. Plan, nach Brasilien auszuwandern.
1895-1898	Buchhändlerlehre in Tübingen. 1896 erste Gedichtpublikation; erste Buchpublikation *Romantische Lieder* im Oktober 1898.
1899	im September Übersiedlung nach Basel.
1900	beginnt Hesse für die »Allgemeine Schweizer Zeitung« Artikel und Rezensionen zu schreiben.
1901	von März bis Mai erste Italienreise. Ab August (bis Frühjahr 1903) Buchhändler im Basler Antiquariat Wattenwyl. *Die Hinterlassenen Schriften und Gedichte von Hermann Lauscher* erscheinen.
1902	*Gedichte* erscheinen, seiner Mutter gewidmet, die kurz vor Erscheinen des Bändchens stirbt.
1903	nach Aufgabe der Buchhändler- und Antiquariatsstellung

zweite Italienreise, gemeinsam mit Maria Bernoulli, mit der er sich im Mai verlobt.

1904   *Peter Camenzind* erscheint bei S. Fischer, Berlin. Eheschließung mit Maria Bernoulli und Umzug nach Gaienhofen am Bodensee (Juli). Freier Schriftsteller und Mitarbeiter an zahlreichen Zeitungen und Zeitschriften.

1905   im Dezember Geburt des Sohnes Bruno.

1906   *Unterm Rad* erscheint.

1909   im März Geburt des zweiten Sohnes Heiner.

1911   im Juli Geburt des dritten Sohnes Martin. Sept. bis Dez. Indienreise mit dem befreundeten Maler Hans Sturzenegger.

1912   Hesse verläßt Deutschland für immer und übersiedelt mit seiner Familie nach Bern.

1914   bei Kriegsbeginn meldet sich Hesse freiwillig, wird aber als dienstuntauglich zurückgestellt und 1915 der Deutschen Gesandtschaft in Bern zugeteilt, wo er im Dienst der »Deutschen Gefangenenfürsorge« bis 1919 Hunderttausende von Kriegsgefangenen und Internierten in Frankreich, England, Rußland und Italien mit Lektüre versorgt. Zahlreiche politische Aufsätze, Mahnrufe, offene Briefe usw. in deutschen, schweizerischen und österreichischen Zeitungen und Zeitschriften.

1915   *Knulp* erscheint.

1916   Tod des Vaters, beginnende Schizophrenie seiner Frau und Erkrankung des jüngsten Sohnes führen zu einem Nervenzusammenbruch Hesses.

1919   Auflösung des Berner Haushalts (April). Trennung von seiner in einer Heilanstalt internierten Frau. Unterbringung der Kinder bei Freunden. Im Mai Übersiedlung nach Montagnola/Tessin in die Casa Camuzzi, die er bis 1931 bewohnt. *Demian* erscheint.

1920   *Klingsors letzter Sommer* (Erzählungen) erscheint.

1921   *Ausgewählte Gedichte* erscheinen. Psychoanalyse bei C. G. Jung in Küsnacht bei Zürich.

1922	*Siddhartha* erscheint.
1923	Die Ehe mit Maria Bernoulli wird geschieden (Juni).
1924	Hesse wird wieder Schweizer Staatsbürger. Heirat mit Ruth Wenger, Tochter der Schriftstellerin Lisa Wenger. Ende März Rückkehr nach Montagnola.
1926	Hesse wird als auswärtiges Mitglied in die Sektion für Dichtkunst der Preußischen Akademie der Künste gewählt, aus der er 1931 austritt.
1927	*Der Steppenwolf* erscheint, gleichzeitig – zum 50. Geburtstag Hesses – die erste Hesse-Biographie (von Hugo Ball). Auf Wunsch seiner zweiten Frau, Ruth, Scheidung der 1924 geschlossenen Ehe.
1930	*Narziß und Goldmund* erscheint.
1931	Umzug innerhalb Montagnolas in ein neues, ihm auf Lebzeiten zur Verfügung gestelltes Haus, das H. C. Bodmer für ihn gebaut hat. Eheschließung mit der Kunsthistorikerin Ninon Dolbin, geb. Ausländer, aus Czernowitz.
1932-1943	Entstehung des *Glasperlenspiels*.
1934	Hesse wird Mitglied des Schweizerischen Schriftstellervereins (zwecks besserer Abschirmung von der NS-Kulturpolitik und effektiverer Interventionsmöglichkeiten für die emigrierten Kollegen). – *Vom Baum des Lebens* (Ausgewählte Gedichte) erscheint im Insel-Verlag, Leipzig.
1935	Politisch erzwungene Teilung des S. Fischer Verlags in einen reichsdeutschen (von Peter Suhrkamp geleiteten) Teil und den Emigrationsverlag von Gottfried Bermann Fischer, dem die NS-Behörden nicht erlauben, die Verlagsrechte am Werk Hermann Hesses mit ins Ausland zu nehmen.
1936	im September erste persönliche Begegnung mit Peter Suhrkamp.
1939-1945	gelten Hesses Werke in Deutschland als unerwünscht. *Unterm Rad*, *Der Steppenwolf*, *Betrachtungen*, *Narziß und Goldmund* und *Eine Bibliothek der Weltliteratur* dürfen nicht mehr nachgedruckt werden. Die von S. Fischer be-

gonnenen »Gesammelten Werke in Einzelausgaben« müssen deshalb in der Schweiz, im Verlag Fretz & Wasmuth, fortgesetzt werden.

1942   dem S. Fischer Verlag, Berlin, wird die Druckerlaubnis für *Das Glasperlenspiel* verweigert.

1943   *Das Glasperlenspiel.* Versuch einer Lebensbeschreibung des Magisters Ludi Josef Knecht samt Knechts hinterlassenen Schriften. Herausgegeben von Hermann Hesse, erscheint bei Fretz & Wasmuth, Zürich.

1944   die Gestapo verhaftet Peter Suhrkamp, Hesses Verleger.

1946   *Krieg und Frieden* (Betrachtungen zu Krieg und Politik seit dem Jahr 1914) erscheint bei Fretz & Wasmuth, Zürich. Danach können Hesses Werke auch in Deutschland wieder gedruckt werden, zunächst im »Suhrkamp Verlag vorm. S. Fischer« (ab 1951 dann im Suhrkamp Verlag, Frankfurt am Main). Goethepreis der Stadt Frankfurt am Main. Nobelpreis.

1950   Hesse ermutigt und ermöglicht Peter Suhrkamp, einen eigenen Verlag zu gründen, der im Juli eröffnet wird und in dem Hesses Werke ab jetzt veröffentlicht werden.

1952   *Gesammelte Dichtungen* in sechs Bänden als Festgabe zu Hesses 75. Geburtstag erscheinen bei Suhrkamp, Frankfurt am Main.

1954   *Piktors Verwandlungen.* Ein Märchen erscheint als Faksimile.

1955   Friedenspreis des Deutschen Buchhandels.

1957   *Gesammelte Schriften* in sieben Bänden erscheinen.

1961   *Stufen,* alte und neue Gedichte in Auswahl, erscheint.

1962   9. August: Tod Hermann Hesses in Montagnola.

Nachwort

Siegfried Unseld
»Wir sollen heiter Raum um Raum durchschreiten«

Hermann Hesse, der von sich bekannte, daß er nichts geschrieben habe als das, was aus ihm »herauswollte«, schuf ein Werk, das im gesamten als Konfession, als Darstellung seines Denkens und Lebens anzusehen ist, »Beschönigung nicht, Bekenntnis nur«. Mit Recht konnte er seine Arbeiten als »Seelenbiographien« bezeichnen. »In allen handelt es sich nicht um Geschichten, Verwicklungen und Spannungen, sondern sie sind im Grunde Monologe, in denen eine einzige Person in ihren Beziehungen zur Welt und zum eigenen Ich betrachtet wird.«

Mit seinen Briefen hat Hesse diese Monologe, wenn man so will, um Dialoge ergänzt, um Gespräche, die er mit seinen Korrespondenzpartnern führte. Stets hat er die jeweilige konkrete Lebenssituation des anderen mitbedacht, sich in ihn hineinversetzt, stets hat er Anteil genommen an dem, was ihm an Sorgen und Hoffnungen vorgetragen wurde. So konnte er die zahlreichen Briefanfragen, die ihn erreichten, nicht nur bewältigen, sondern immer auch zur Auseinandersetzung, zur Klärung der eigenen Position nutzen, zu einer Klärung, die ebenso den Adressaten – und noch den heutigen Leser – zum eigenständigen Versuch, das Leben zu gestalten, herausfordert. Eindringlich und einfühlsam vermittelt Hesse seinem Gegenüber, gleich welcher Herkunft und welchen Alters, die Einsicht, daß jeder unbeirrt den eigenen Lebensweg zu finden und zu gehen hat. Heiter und gelassen, bewegt und ernsthaft, verzweifelt und getröstet, zweifelnd und gläubig, kritisch und bestätigend begegnet uns Hesse in seinen Briefen. Sie zeigen durchgehend die tiefempfundene Spiritualität ihres Verfassers. Am 4. Mai 1931 schreibt er: »Es ist aber damit nichts getan, daß man Krieg, Technik, Geldrausch, Nationalismus etc. als minderwertig ankreidet. Man muß an Stelle der Zeitgötzen einen Glauben setzen können«. Widerstand gegen den Zeitgeist, eine dezidierte persönliche Überzeugung, aber auch Toleranz gegenüber dem anderen bestimmen Hesses Leben und Werk gleichermaßen.

Ein Erlebnis hat sich für mich unvergeßlich eingeprägt. Nach einem Mittagessen in Montagnola, nach dem Kaffee in der Bibliothek erhob sich Hesse, weil er einen Brief beantworten müsse, den Brief eines Achtzehnjährigen mit der Frage: Was ist das Wichtigste im Leben? Er schaute mich an, ich schwieg. Darauf meinte er, gehen wir doch zu Konfuzius, der diese Frage beantwortet hat: »Treue zu sich selbst und Güte zu anderen«.

»Eigensinn« heißt einer von Hesses programmatischen Aufsätzen aus dem Jahr 1919. Er ist sicher der an Aufschlüssen reichste Text: »Eine Tugend gibt es, die liebe ich sehr, eine einzige. Sie heißt Eigensinn«. Die Tugenden, die von Menschen erfunden sind, haben als Ziel den Gehorsam. Auch Unsinn fordert Gehorsam. Während jedoch die erfundenen Tugenden die Menschen den Bedingungen der Umwelt anpassen und »Geld und Macht, die Erfindung des Mißtrauens« als erstrebenswert ansehen, ist Eigensinn Gehorsam gegen sich selbst und »Ungehorsam gegen Menschensatzung«. »Der menschliche Herdensinn«, schreibt Hesse, »fordert von jedermann vor allem Anpassung und Unterordnung.« Dagegen hat sich Hesse ein Leben lang gewehrt, und alle seine Schriften sind Gegengifte gegen diese Forderungen. Aus dieser Haltung resultiert der im gesamten Werk durchgängige Protest, ja jene Revolte gegen das Bestehende, gegen überholte, leere Autorität, gegen das Normierte und gegen Mittelmäßigkeit, gegen Konsum, Eigennutz und Profit, gegen Staat und Bürgerlichkeit, gegen Kirche und Schule und immer wieder die Revolte der jüngeren Generation gegen die ältere.

»Du sollst dich nicht nach einer vollkommenen Lehre sehnen, sondern nach einer Vervollkommnung deiner selbst.« – Es ist auffallend, wie sehr sich Hesse in seinen Dichtungen, mehr noch in seinen Briefen, mit den Fragen einer »vollkommenen Lehre« auf den Gebieten des Politischen und Religiösen beschäftigt. Hier wie dort sieht er sich als »Anwalt des Individuums«. Diesen Einzelnen will er schützen, ihn hellhörig und widerstandsfähig machen gegen Dogmen und Programme. »Nach meiner Erfahrung ist der ärgste Feind und Verderber der Menschen der auf Denkfaulheit und Ruhebedürfnis beruhende Drang nach dem Kollektiv, nach Gemeinschaften mit absolut fester Dogmatik, sei diese nun religiös oder politisch.« Ein Mensch des Werdens und der Wandlungen zu sein hat Hesse für sich ein Leben lang beansprucht.

Dabei verschweigt er keineswegs, daß der Prozeß der Individuation auch Gefahren birgt: »Meine Bücher führen den Leser, wenn er willig ist«, schreibt er in einem Brief vom 17. Oktober 1928, »bis dahin, wo er hinter den Idealen und Moralen unserer Zeit das Chaos sieht«. Und hier muß jeder für sich selbst einstehen, muß bereit sein zum Aufbruch in neue Lebensbereiche, zu neuem Suchen, zu neuen Zielen. »Wollte ich weiter ›führen‹, so müßte ich lügen. Die Ahnung der Erlösung, der Möglichkeit, das Chaos neu zu ordnen, kann heute keine ›Lehre‹ sein, sie vollzieht sich im unaussprechbaren innersten Erleben Einzelner.«

Leitend bei der Auswahl dieses Bandes war die Thematik der »Lebensstufen«, der Individualisierung und Identitätsfindung. Gerade in seinen Briefen gibt Hesse unmittelbar Zeugnis von den Möglichkeiten des Menschseins, der Befreiung auch durch die Phantasie. »Die Außenwelt umzaubern zu können, ohne doch verrückt zu werden, das ist unser Ziel«, schreibt er im Juni 1929. »Es ist nicht leicht, dafür aber ist wenig Konkurrenz da. 99 Menschen von 100 haben ja ganz andre Ziele.«

Hesses Werke und Briefe sind auch heute noch aktuell, nicht zuletzt durch die Unabhängigkeit seines Denkens und den Mut, es offen auszusprechen.

Inhalt

© Insel Verlag Frankfurt am Main und Leipzig 2002
Alle Rechte vorbehalten, insbesondere das der Übersetzung,
des öffentlichen Vortrags sowie der Übertragung durch
Rundfunk und Fernsehen, auch einzelner Teile.
Kein Teil des Werkes darf in irgendeiner Form
(durch Fotografie, Mikrofilm oder andere Verfahren)
ohne schriftliche Genehmigung des Verlages reproduziert
oder unter Verwendung elektronischer Systeme
verarbeitet, vervielfältigt oder verbreitet werden.
Bezugspapier: Buntpapier, Modeldruck, Frankreich um 1800
Deutsches Buch- und Schriftmuseum der Deutschen Bücherei Leipzig
Inventar-Nr. AE 18382 (Sammlung Seegers)
Schrift: Adobe Garamond
Satz: Hümmer GmbH, Waldbüttelbrunn
Druck: Druckhaus Nomos, Sinzheim
Printed in Germany
ISBN 978-3-458-19231-2

4 5 6 7 8 9 – 17 16 15 14 13 12

Veröffentlichungen von Siegfried Unseld
in der Insel-Bücherei

›Das Tagebuch‹ *Goethes und Rilkes* ›Sieben Gedichte‹ erläutert von Siegfried Unseld. Mit einem Foto und 3 Faksimiles auf 9 Tafeln. Vorbemerkung ›Aus Anlaß des Bandes 1000 der Insel-Bücherei‹ von Siegfried Unseld. 1978, 1999: 51. Tsd. – Nr. 1000, 2

Rainer Maria Rilke: Wie soll ich meine Seele halten. Liebesgedichte. Mit einem Nachwort von Siegfried Unseld und einer Graphik von Edward Okun. Zweifarbiger Druck. 1994, 2000: 23. Tsd. – Nr. 1150

Siegfried Unseld: Goethe und der Ginkgo. Ein Baum und ein Gedicht. Mit 19 zum Teil farbigen Abbildungen. 1998, 2001: 75. Tsd. – Nr. 1188

Robert Walser: Märchenspiele. Aschenbrödel. Schneewittchen. Mit einem Essay von Siegfried Unseld und 8 ganzseitigen Illustrationen sowie 4 Vignetten von Albrecht von Bodecker. 1998, 2000: 4. Tsd. – Nr. 1191

Hermann Hesse: Wege nach Innen. 25 Gedichte. Mit 12 Aquarellen und 12 Handschriften Hermann Hesses sowie mit einem Auszug aus Hesses Brief an seinen Sohn Martin. Auswahl und Nachwort: Siegfried Unseld. 2000, 2001: 14. Tsd. – Nr. 1212